Joshua Clausnitzer

Worte ohne Grenzen

Widmung

Ich widme dieses Buch meiner Oma Margarete, die mich immer unterstützt hat und zudem dieses Buch gegen gelesen hat (Korrekturen durchgeführt).

Ebenfalls widme ich dieses Buch meiner Liebe Nadja, bei welcher ich mich bedanken möchte, dass sie immer für mich da ist.

Bibliografische Information der Deutschen Nationalbibliothek:
Die Deutsche Nationalbibliothek verzeichnet diese Publikation in
der Deutschen Nationalbibliografie; detaillierte bibliografische
Daten sind im Internet über dnb.dnb.de abrufbar.

TWENTYSIX – der Self-Publishing-Verlag
Eine Kooperation zwischen der Verlagsgruppe Random House
und BoD – Books on Demand

© 2018 Joshua Clausnitzer

Herstellung und Verlag:
BoD – Books on Demand, Norderstedt

ISBN: 978-3-7407-4991-0

Joshua Clausnitzer

Worte ohne Grenzen

An dieser Stelle würde normalerweise ein Inhaltsverzeichnis stehen. Ich verzichte bewusst auf dieses, da an jeglicher Stelle im Buch angefangen werden kann, zu lesen.

Ich wünsche Ihnen ganz viel Spaß beim Lesen dieses Buches und erhoffe mir, dass es Ihnen gefällt und zum Schmunzeln bringen wird.

Wenn Sie mich kontaktieren möchten, können Sie das gerne tun. Entweder über meine Facebook-Seite:
www.facebook.de/joshclausnitzer
oder aber über meinen Mail-Account:
joclausnitzer@aol.de

Mit den besten Grüßen verbleibe ich,

Joshua Clausnitzer

Kapitel 1 → Kurzgeschichten

Kurz Geschichte

Dies ist die Geschichte des Herrn Kurz.
Lang ist sie nicht...

Kurz darauf angesprochen,
hat er sich schon verkrochen...

Wahre Geschichte (Diese Geschichte ist mir tatsächlich während einer Zugfahrt zu Ohren gekommen. 2 Jugendliche unterhielten sich folgendermaßen:)

,, Ey Bruder!", lass mal zusammen ins Fitti gehen!
,, Ich schwöre, ich bin dabei!"
,, Wusstest du, dass der Trizeps 2/3 unseres Oberarms ausmacht?
Wenn du mit mir ins Fitti kommst, zeige ich dir, wie du diese Kugel im Trizeps formen kannst. Voll krass ey! "

2 Minuten später

,, Gianluigi Digga, was machst du gleich noch?"
,, Weiß noch nicht Bruder, warum?"
Kommst du mit Eisdiele?"
,, Auf alles, ich bin dabei!"

Die Flucht

Wir fliehen (vor uns selbst). Es wird geflohen (aus Miseren und Kriegsgebieten). Die Flucht, oft verbunden mit Angst. Wohin, wenn das eigene Zuhause komplett zerstört wurde? „Flüchtlinge" sind wir schon längst alle, ob wir es wahrhaben wollen oder nicht. Wir fliehen alle, weg von den alltäglichen Sorgen. Wir wünschen uns Geborgenheit in der Einsamkeit. Ist nicht genau das, was uns alle verbindet? Der Wunsch nach Geborgenheit. Doch fliehen die besagten „Flüchtlinge" aus ihrer Heimat, erhebt sich vor ihnen zumeist eine Mauer. Ein Hindernis, welches sich nicht einfach überwinden lässt. Viele Flüchtlinge scheitern daran. Ein Weg/eine Leiter müsste sie nach oben führen. Gemeinsam, statt einsam, wäre vieles leichter. Doch nicht umsonst steckt in gemeinsam das Wort „gemein". Der (rechte) Ruck in der Gesellschaft formt eine Einheit, die nicht in der Lage ist, die Situation objektiv zu betrachten. Es steht zwar außer Frage, dass nicht jeder Fliehende es gut meint, doch direkt den großen Teil „abzustempeln" ist mehr als falsch. Überlegt einmal, wir sind tatsächlich alle Flüchtlinge. Gab es nicht bei jedem von uns eine Situation, in der wir geflüchtet sind, vor Angst, vor Respekt, vor Wut?! Wie ging es uns dabei? Oftmals bescheiden und noch weniger... Die Menschen, die uns damals halfen, aus dem „Loch" herauszukommen, waren fast immer Familie und Freunde. Sie bilden eine Gemeinschaft, die das Gemeine ausblendet und sich auf die wahren Tugenden verlässt, Freundschaft, Loyalität und (Nächsten)Liebe. Eine Prise mehr Toleranz, eine Prise mehr von diesen Tugenden, hälfe den Menschen auf der Flucht enorm. Es lässt sich nur so das entstandene „Problem" beheben. Letzten Endes profitieren wir alle davon. Wer gibt, bekommt auch wieder. So war es immer schon gewesen! Stellen wir uns doch einfach mal vor, was Flucht für uns bedeuten würde. Das geliebte Land/die Heimat (z.B. Deutschland) verlassen und stets mit Angst und Furcht, um das eigene Leben, fliehen. Wir wären nichts weiter als ein Haufen Elend. Genau dies ist es, was den betitelten „Flüchtlingen" widerfährt. Also lasst uns gemeinsam, nicht einsam, die Flucht zu einer Reise mit Ziel machen!

Der Regenbogen Code

Rot

Rot formt den Anfang. Die Farbe der Liebe lässt keinen Zweifel daran aufkommen, dass sich Leidenschaft in ihrem Spektrum befindet. Rot ist jedoch nicht zu verharmlosen. Wie eine Spirale der tiefen, inneren Gelüste im Körper des Menschen, windet sie sich hin, bis zu teils blutigem Ausmaße. Das Spiel mit dem Feuer ist kein leichtes und so schreitet Rot weiter voran. Schmerz umklammert eine wichtige Komponente, Verlust kann Rot nicht stoppen! Die Lust auf mehr, die Lust auf Adam und Evas Apfel, lässt Rot explodieren. Alle Sinne formieren sich zu einem Gesamtbild, welches derartig schön und zugleich merkwürdig erscheint, dass dieses sich in unsere Herzen brennt. Die Pumpe des Lebens bringt den Körper zu Höchstleistungen, jedoch überlastet sie auch schnell die anatomischen Gegebenheiten. Den roten Faden verliert Rot nie, Schöpferin der Schlüsse und Entschlüsse. Sollte jedoch wieder der (Gedulds-) Faden platzen, dann spritz Rot ihr Serum aus und vernebelt das eben zuvor Wahrgenommene. Feuer in der Not, Feuer in der Liebe, Feuer in der Freude. Rot lässt wahrlich nichts aus. Ausbrüche vor Wut, zornige Adern und der Ausbruch des Vulkans lassen die Tugenden von Rot vollends zur Geltung kommen. In Geborgenheit kann man sich wähnen, allerdings sollte die Obhut vor der schnellen Wende stets im Hinterkopf bleiben. So beginnt der Code mit Rot, deren äußerste Hülle den

Regenbogen zum Kopfe bildet.

Orange

Die zweite Ebene umgarnt Orange gekonnt. Er ist in der Lage, sich ein wenig von Rot abzusetzen. Orange ist die Farbe, die niemals ruht, Orange weiß das. Gebildet und geboren in der Symbiose von Gelb und Rot, hat es Orange nicht immer leicht. Er ist oft verzweifelt und rennt mit dem Kopf gegen die Wand. Auf der Suche nach der Solution, endet er oft in Desolation. Orange nimmt gerne die Früchte zu sich, die seinen Namen beinhalten, deren Substanzen Orange die tolle Figur geben, die er hat. Helfen tut ihm das nur wenig. Seine Liebe für das Unvollendete kann ihn gerade über Wasser halten, doch warum kann er nicht so perfekt sein wie Rot oder Gelb? Deprimiert hält er sich oft in seiner Hülle zurück, doch erkennt er wirklich, dass seine Lage ganz bestimmt noch Hoffnung enthält? Der zweite in der Reihe und die zweite Farbe, eine interessante Schicht des Regenbogens, die zum Rätseln auffordert.

Gelb

Als Gatte von Rot und Vater von Orange, sehnt sich Gelb oft nach seiner dritten Schicht, wo er daheim ist. Männlichkeit ist ihm fremd. Äußeres und Inneres bilden eine süße Komponente, die der Lumie (besondere Zitrusfrucht) in nichts nachsteht. Gelb blickt mit einem Auge hinüber zum endlosen Meer, das nach vorne peitscht und zurück. Der Sand am Strand ist so fein wie das Gehör von Gelb. Er lauscht und erquickt sich an den Tönen des maritimen Lebens. Ein ruhiges Gemüt, unser lieber Gelb, der sich keine Muße gibt und jederzeit die Ruhe bewahrt. Die Farbe Gelb gibt ihm Kraft und Besonnenheit. Nach seinem maritimen Intermezzo wendet er sich zu der großen, weiten Sonne. Seine wahre Mutter gibt ihm das Bedürfnis, sich wohl zu fühlen. Zart streichelnd, erleuchtet und durchleuchtet sie ihn. Wärme und Zuneigung fließen durch Gelbs beleuchteten Körper. Solar, oh ja, kennt er und weiß er zu schätzen, die Quelle seines Daseins gibt sich keine Blöße, erneut und erneut, Gelb zu verwöhnen. Die dritte Schicht des Regenbogens ist eine milde, freundliche. Nicht nur Gelb kann und würde sich hier wohlfühlen.

Grün

Die vierte Schicht bildet Hoffnung. Grün streckt und reckt sich. Sie weiß, dass sie es schaffen kann. Flora und Fauna liegen ihr zu Füßen, das Vitale ist ihr Fokus. Grün ist die Farbe der Verzweifelten, die doch noch an einen Ausweg von ihrer Misere glauben. Planet Erde bedeckt sich nach Belieben mit Grüns schönem Kleide. Mut gebend, schafft sie Natur und die bloße Freude des Lebens. Wiesen blühen, während sämtliche Geschöpfe sich an Grüns Güte ergötzen. Sie ist erhaben, als Teil des Gesamten. Neid kennt sie nicht und lässt keine Sekunde mit der richtigen Analyse warten. Die vierte Schicht lässt uns nicht zweifeln. Wir sollten uns ein Beispiel an ihr nehmen und niemals aufgeben.

Blau

In der fünften Schicht sehen wir Blau, wie er einmal wieder die Ruhe preist. Ozeane schweigen und die Wellen sind so sanft, man hört sie kaum. Die Farbe der Gelassenheit ist eine wahrlich schöne, welche das Innere in den Einklang mit dem Äußeren bringt. Blau ist stets Herr der Lage, kennt keinen Stress und schaut von oben mit einem Lächeln herab. 70% der Erde sind mit Blau bedeckt. Den Himmel lässt Blau Azur strahlen. Jegliche Meerestiere stehen unter seinem Schutz. Eine Hand, die niemals zum Schlage ausholt, sondern viel mehr

Wärme und Geborgenheit gibt. Das Elixier des Lebens ist auch sein Besitz. Missbrauch ist niemals zu befürchten. Blau setzt es gekonnt ein und schenkt somit den Tieren und uns Menschen das Leben. Ohne Blau könnten wir nicht überleben, ohne Blau gäbe es nicht den Ursprung des Lebens. Die fünfte Schicht ist lebenswichtig, wir dürfen niemals vergessen, wie gut wir es doch mit ihr haben.

Violett

V wie Violett. Die letzte Schicht scheint die Vollkommene zu sein. Allerdings fundiert der Regenbogen auf allen Schichten, womit man sich Violett näher betrachten sollte. Sie ist sehr fröhlich und hat den Blick für das Ganze. Ihre Augen durchleuchten alles, der Strahl, der niemals verfehlt. Analytisch und präzise, beobachtet Violett das Geschehen im Universum. Alles hat Rang, alles hat Ordnung. Sollte das Konstrukt jemals aus den Fugen geraten, hat Violett das schnell im Griff und erfasst die Ungereimtheiten sofort. Sie bleibt entspannt, aber auch zielstrebig. Mit ihr schließt sich der Bogen des Regens, die sechste Schicht. Wir sollten sie nie missen und uns mit ihr gemeinsam anschauen, was um uns herum auch geschehen mag.

Die Wächter des Schatzes

Der Regenbogen ist perfekt. Voll und ganz strahlt er über die Landschaft. Die Wächter sind wachsam und bereiten sich vor. Denn nicht nur der Regenbogen selbst lohnt sich eines Blickes, auch der hinter ihm versteckte Schatz. Es gab schon viele Gestalten, die versuchten, den Schatz für sich zu ergattern, doch allesamt scheiterten. Der Weg ist ein weiter, schier unendlicher. Schelmisch grinsend, beobachten die Wächter des Schatzes die etlichen Fehlversuche. Sie amüsieren sich über die

Unfähigkeit und die Überheblichkeit. Der wahre Schatz der kleinen Wesen, wird wohl niemals gefunden werden. Zu raffiniert sind die Wächter. Ist aber der Schatz nicht viel näher, als wir uns vorstellen können? Die Strahlkraft des Regenbogens, die Schönheit der Farben, die Vielfalt der Lichtperspektiven, reichen sie nicht aus, um uns zu beglücken?Die Wächter wachen munter weiter und lassen sich niemals von solchen Überlegungen beeinflussen. Ihr Schatz bleibt ein Geheimnis, dessen Wirken uns auf sämtliche Zeit verfolgen wird.

Brief an mein jugendliches Ich (Die Vergangenheit, in der ich lernte, was die Zukunft mir bringen würde)

Lieber Joshua,

ich bin es, dein Zukunfts-Ich. Du fragst dich sicher, was ich dir zu erzählen habe, aber habe noch ein wenig Geduld. Ich möchte dir berichten und mitteilen, was alles in der Zukunft passieren wird und inwieweit es dich beeinflussen wird. Es ist noch nicht allzu lange her, jedoch immerhin schon 7 Jahre, da warst du 15 Jahre alt. Du kannst mir glauben, dass in diesen 7 Jahren äußerst viel passiert ist. Ich möchte dir zu Beginn eine Warnung aussprechen. All das, was ich dir berichte, ist genau so passiert und enthält auch Wahrheiten, die nicht immer die bequemsten sind. Ein paar von ihnen sind schwer zu verdauen, aber du wirst daraus lernen. Schon bald wirst du dich auf eine Party begeben und im Jugendrat der Stadt Meckenheim aktiv sein. Du wirst dich sehr freuen, dem Alkohol ebenfalls etwas näher kommen. Du nimmst dir vor, 1, 2 Bier zu trinken. Rückwirkend wäre es besser gewesen, wenn du dabei geblieben wärest. Den Jugendrat fandest du schon immer faszinierend, ein Organ der Stadt Meckenheim, welches den politisch motivierten Jugendlichen die Möglichkeit gibt, sich mit anderen zusammen zu tun und auszutauschen. Jedoch gehört auch eine Party pro Jahr dazu. Zurück zu dem Bier. Du kannst deine Finger nicht von dem Alkohol lassen, beginnst langsam die euphorische Wirkung zu spüren. Du tanzt und lachst, wirst immer offener. Die dröhnende Musik macht es nicht besser, du legst nach und nach. Dir wird mulmig werden, doch du wirst dir weiter das Bier und jetzt auch die Feiglinge in deine Kehle flößen. Du versuchst aufzustehen, schaffst es aber nicht. Inzwischen bist du so betrunken, dass dich die anderen Jugendratsmitglieder stützen und hinaus begleiten, denn du bist in allen Belangen nicht mehr fähig. Ich werde nie vergessen, wie du erbärmlich versuchst, den Weg zum Neuen Markt entlang zu gehen, dabei fast jeden Meter stolperst, torkelst und schließlich mitten auf dem Zentrum des Neuen Marktes, deinem Schicksal zum Erliegen kommst. Eine wahrlich mickrige und traurige Gestalt, die dort liegt. Glück hast du, denn einige Kameraden aus deiner Stufe finden dich. Sie können ihren Augen nicht trauen. Der sonst so liebe Joshua, soll vor ihnen mit einer Alkoholvergiftung liegen? Kopfschüttelnd rufen sie deine liebenswerten Großeltern an, bei denen du bereits seit deiner Geburt bist. Sie werden einen riesigen Schock bekommen. Ihr Enkel liegt dort auf den kalten Pflastersteinen, seine Schulkameraden schämen sich ebenfalls, manche lachen und verhöhnen ihn. Es kommt, wie es kommen muss. Der Krankenwagen wird gerufen und du wirst abtransportiert. Du kannst dich am nächsten Morgen an nichts mehr erinnern, findest aber in deiner Hose noch einen vollen Feigling. Beschämst fragst du die Schwester, was denn passiert sei, obwohl du bereits wusstest, was geschehen war. Sie erklärt dir, dass du eine Alkoholvergiftung erlitten hast. Schon bald werden deine Großeltern eintreffen und dir ins Gesicht sagen, wie enttäuscht sie doch von dir sind. Du wirst diesen Augenblick niemals vergessen und er wird dir zeigen, dass man dem Alkohol gegenüber stets vorsichtig sein sollte. Ein Jahr später, mit 16, werde ich sehr stolz sein. Du warst stets in dem Bann deiner Klassenkameraden, die immer fragten, warum du denn nicht bei deinen Eltern wohnst. Du wusstest natürlich die Antwort, aber welcher Jugendliche traut sich schon, sich seinen Klassenkameraden gegenüber zu öffnen. Deine Eltern waren gesundheitlich nicht in der Lage gewesen, dich aufzunehmen und großzuziehen. Du wirst jedoch feststellen, dass sie zwei ganz wundervolle Menschen sind, die jedoch stets mit ihren Problemen zu kämpfen haben. Deinen Großeltern wirst du für ewig dankbar sein, denn mit 16 erkennst du so langsam, dass es keine Rolle spielt, wo man erzogen wird oder von wem. Du fängst also an, deinen guten Freunden zu erzählen, was es mit der ganzen Sache auf sich hat. Sie werden es verstehen, sie werden verstehen, warum du immer gezögert hast. Gehe also auf jeden Fall diesen Schritt und fange an, dich langsam zu offenbaren. Du wirst es nicht bereuen! Allerdings kommt auch noch ein weiteres Problem auf dich zu. Du wirst oft gehänselt und beleidigt, denn du bist für fast alle anderen zu dick! Leider gibt es sehr wenige Menschen, die hinter den Joshua in dem Joshua schauen werden. Du wirst sehen, dass das Äußerliche meist der Maßstab ist. Es nimmt dich mit, wenn über dein Gewicht geredet wird. Du wirst mit aller Macht versuchen, es nicht nah an dich heran zu lassen, doch dir gelingt es nicht. Es ärgert dich und stimmt dich traurig. Doch lieber Joshua, ich kann dir bestätigen, die Zukunft bringt dir Leichtigkeit! Die überschüssigen Pfunde und deine Kritiker, wirst du alle hinter dir lassen können. Doch zunächst möchte ich dir von deinem Amerika Abenteuer erzählen, welches du ebenfalls mit 16 Jahren begehen wirst. Du fandest dieses riesige Land, diesen wundervollen Kontinent, schon immer faszinierend! Du entscheidest dich also für ein Auslandsjahr in der 11.Klasse. Die Erfahrungen, die du dort machen wirst, werden fantastisch sein. Du wirst die Menschen und die damit verbundenen

Ereignisse und Erinnerungen niemals vergessen. Deine Großeltern, deine Familie und Freunde, befürworten deinen Plan. Allerdings werden sie alle traurig sein, dass du für fast ein gesamtes Jahr aus ihrem Sichtfeld verschwindest. Du wirst ebenfalls merken, dass große Distanzen nicht immer heißen, dass man nicht in Kontakt bleiben kann. Deine Reise wird dich nach Missouri führen. Du landest in St.Louis, dem Tor zum Westen (Gate to the West). Du schaust fasziniert auf den 192 Meter hohen Torbogen, das legendäre St.Louis Arch. Zu diesem Zeitpunkt weißt du noch nicht, dass du eines Tages in den engen Fahrstuhlkapseln bis nach ganz oben fahren wirst. Deine Gasteltern, die dich kurz zuvor in den Arm genommen haben und liebevoll empfangen haben, sind Kathy und James, kurz Jim, Georger. Beide wahrlich Schwergewichte, aber beide mit einem goldenen Herzen ausgestattet. Du wirst nicht vergessen können, wie sie dich fragen, ob du nach dem langen Flug Hunger hättest. Du antwortest (voller Sehnsucht): ,, Na klar! " So werdet ihr zu dritt zum nächsten Fast Food Restaurant fahren und deine erste Amerika Erfahrung wird der leckere Geschmack eines guten und riesigen Burgers sein. Du bist anders als die anderen Austauschschüler alleine geflogen, da du dich für die Marching Band angemeldet hattest. Das zugehörige Band Camp fängt bereits früher an, so dass deine Austauschorganisation für dich einen Einzelflug gebucht hatte. Schon sehr bald merkst du, dass du an deine physischen und mentalen Grenzen stoßen wirst. Das Band Camp findet in der Schule statt, in deiner neuen High School, der Fox Senior High. 7 Uhr morgens geht das Band Camp los, bei knapp 100% Luftfeuchtigkeit und bei späteren Temperaturen von über 40 Grad. Der erste Tag ist die reinste Hölle für dich, du bist am Boden zerstört. Die Übungen waren enorm anstrengend und die Symbiose von Fußarbeit und das Spielen deiner Trompete, überfordert dich. Die nächsten Tage werden ebenfalls brutal. Die erste Woche des zweiwöchigen Band Camps schaffst du gerade so, doch dann macht dein Körper zu. Du hast Fieber, Durchfall und dein Kopf brummt. Du wirst vom Arzt befreit und fragst dich, ob es Sinn mache, überhaupt weiter Teil der Marching Band zu sein. Du hast fest vor, zum Band Direktor, Mr Rice zu gehen und deine Aufgabe bekannt zu geben. Mr Rice, wirst du feststellen, wird einen wichtigen Einfluss auf dich haben. Ein Mann, Mitte 30, der mal 150 kg wog und vor dir jedoch ganz schlank stand. Ein Mann, der eloquent und schlau war, und ein Meister der Musik, wie du es noch nie gesehen hattest. Dieses 20 min Gespräch mit ihm, wird dein Leben verändern! Es sind zwar große Worte, doch genau so wird es sein. Er schafft es, dich zu motivieren und es gelingt ihm, das Feuer in deinem Körper wieder zum Lodern zu bringen. Seine Worte brennen sich in deinen Kopf fest ein und werden dort nicht mehr losgelassen. Du raffst dich zusammen, hast eine wundervolle Marching Band Saison und machst so viele neue Freunde, dass du es gar nicht glauben kannst. Dein Aussehen ist hier nicht primär im Fokus, sondern dein Charakter und deine Freundlichkeit. Deine Gastfamilie wird dir ans Herz wachsen und auch sie haben einen großen Impakt auf dein Zukunftsleben. Dieses eine Jahr macht aus dir einen selbstständigen, niemals aufgebenden, jungen Mann. Zurück in Deutschland, wirst du mit offenen Armen von deinem Onkel und deiner Oma empfangen. Du wirst zudem 15 kg zugelegt haben, somit 100 kg wiegen. Der erste Tag in der deutschen Schule wird komisch sein. Eine Mischung aus verwundert und ungläubig starrt dich an. Du nimmst es mit Humor und gehst es ganz ruhig an. Doch schon bald kommen alte, dunkle Gewohnheiten bei deinen Mitschülern auf. Du wirst noch mehr unter ihnen leiden, noch mehr unter deinem Gewicht. Dann der nächste Schicksalsschlag. Du erfährst, dass Mr Rice an einem Herzinfarkt gestorben ist. Du kannst es nicht fassen und bist zutiefst traurig. Der Mann, der dir neuen Lebensmut und Ausdauer beigebracht hat, einfach von der Welt weggewischt?

Unglaublich... Du weißt nicht, was du tun sollst. Die Worte von Mr Rice klammern sich um deinen Hippocampus und du erkennst den Ernst der Lage. Mr Rice hätte nicht gewollt, dass du dich in eine Ecke kauerst, über ihn und dein Gewicht trauerst. Du wirst an seine Worte denken: „ Never give up! " (Gebe niemals auf). Du wirst neue Hoffnung schöpfen und weißt dann, dass Mr Rices Tod nicht umsonst gewesen ist. Er hätte nicht gewollt, dass du aufgibst und dich von deinen Mitschülern hänseln lässt. Dieser Anlass, ist der Anlass für dich, etwas umzukrempeln, dein Leben in den Griff zu kriegen und vor allem dein Übergewicht zu reduzieren, so dass du dich wieder in deinem Körper wohl fühlst. Mit neuer Kraft und Motivation ausgestattet, gehst du dein Ziel an, deinen Körper zu verändern, zu formen. Du beginnst mit Laufen, einer Tätigkeit, der du viel früher hättest nachgehen sollen. Sie wird deinen Kopf und Geist befreien, mehr Ausdauer bringen und die ersten Pfunde werden ebenfalls purzeln. Du wirst deine Ernährung umstellen und dich viel fitter als vorher fühlen. Deine Freunde sind von dem Sinneswandel angetan und unterstützen dich noch mehr als vorher. Du wirst auch wieder Tischtennis spielen, was dir sehr viel Freude bereitet. Einen kleinen Knicks, wirst du trotzdem erhalten. Während des letzten Trainings vor den Sommerferien, wirst du dir deinen Fuß beim Fußball spielen umknicken und erleidest einen Sehnenanriss. 4 Wochen keinen Sport, lautet die Diagnose. Sie wirft dich aus deinem Trainingsplan heraus. Doch Mr Rices Worte klingen fest in deinem Ohr. Du wirst nicht aufgeben und kommst genesen mit noch mehr Tatendrang aus deiner Zwangspause hervor. Die ersten 15kg hast du schnell hinter dir gelassen, der schwierige Part steht nun bevor. Du möchtest gerne insgesamt 30kg abnehmen, um auf das Gewicht von 70kg zu gelangen. Ein paar Stufenkollegen schauen dich noch immer mitleidig an, aber der größte Teil ist begeistert von deiner Wandlung. Manche von ihnen können es gar nicht glauben, wie du einmal ausgesehen hast. Manche von ihnen wenden sich dir auf einmal zu, doch du bist schlau genug zu erkennen, dass diese immer noch nur nach deinem Äußeren gehen und nicht auf deinen Charakter blicken. Du gibst Vollgas, meldest dich im Fitnessstudio an und machst viel Sport. Deine Ernährung ist inzwischen sehr gesund und du bist ein anderer Mensch. Du fühlst dich leichter denn je, sowohl physisch als auch mental. Ich kann dir verraten, dass es noch ein bisschen dauern wird, dir es aber gelingt, 30kg abzunehmen. Ein wenig später wirst du sogar deinen ersten Halbmarathon in Bonn laufen! Ich möchte dir, lieber Joshua, noch etwas auf deinem Weg durch die Zukunft mitgeben. Es spielt keine Rolle, was Menschen von dir halten oder wie sie versuchen, dich zu manipulieren. Egal was geschieht, egal ob böse oder gut, du musst weiter deinen eigenen Weg gehen! Lasse dich nicht einlullen von Angeboten, die zunächst verlockend klingen. Ich möchte dir auch noch mitgeben, dass du so bleiben sollst, wie du dich selbst am besten fühlst. Mach dir zudem keine Gedanken über die Frauen. Du wirst lange keine Freundin haben, doch das macht überhaupt nichts! Ich verrate dir mit einem Zwinkern, dass sich auch das eines Tages ändern wird und du eine junge, charmante Frau treffen wirst, die dich so liebt, wie du bist. Deine wahren Freunde werden dir für ewig erhalten bleiben. Du wirst Glück haben. Dein Freundeskreis ist einer, der nicht so leicht zu lösen ist und zudem hilft jeder jedem. Du wirst klug genug sein, dieses Glück aufrecht zu halten. Wenn du dich jetzt fragst, was sonst noch in der Zukunft passieren könnte, mehr möchte ich dir nicht verraten. Die Zukunft birgt viele neue Erkenntnisse und viele neue Ereignisse, die du allesamt an deinem eigenen Körper erleben und spüren wirst. Ich wünsche dir, dass du stets deine Lehren daraus ziehen kannst, und alles in allem in der Lage bist zu unterscheiden, was wirklich wichtig für dich ist. Ich verabschiede mich von dir, lieber Joshua, mit folgenden

Worten: „ Never give up! "

Dein Joshua

(W)Irrgarten

Ich erwache und bin gefangen in meiner Müdigkeit. Dumpfe Stimmung breitet sich aus, fast wie ein Schlag gegen meinen Kopf. Ich torkel' hin und her, weiß nicht mehr ein noch aus. Plötzlich ein lauter Knall. Mein Kopf stöhnt auf vor Schmerz. Wo zur Hölle bin ich und wo zum Teufel bin ich gegen gelaufen? Eine komische Wand starrt mich an. Sieht so aus, als ob sie eigene Augen besäße. Nicht nur das, ich verfolge die Linien, die sich über sie erstrecken. Wohin diese wohl führen möchten? Ich weiß es nicht, und es ist mir auch egal. Ich fühle mich, als ob ich in meinem Kopf gefangen wäre. Aber so etwas Lächerliches kann ja gar nicht passieren. Ich muss lachen und noch immer leicht benommen, schreite ich voran. Vorsichtig taste ich mich fort, stets die Linien vor dem inneren Auge. Was genau macht uns eigentlich zum Menschen, was genau lässt uns denken, und wenn man denkt, ist man wirklich real? Ich hätte Philosoph werden sollen, naja, egal. Ein paar Schritte weiter und auf einmal passiert es. Ich höre einen lauten Knall. Beim Ende der verworrenen Gänge, sehe ich Licht. Umso näher ich dem Strahlen komme, umso haariger werden die Gänge. Ja wirklich, besser könnte ich es nicht beschreiben. Merkwürdig berührt, erreiche ich das Licht und traue meinen eigenen Augen nicht. Da bin ja ich! In meinem verdammten Schlafzimmer! Schnarchend liege ich in meinem Bett, und ertappe mich selber dabei, wie das Schnarchen zunimmt. Es wird unerträglich laut. Eins ist sicher, der Knall kam von mir! Aber wie kann das alle sein? Mit leichtem Hörschaden gehe ich weiter und lasse die haarsträubende Angelegenheit hinter mir.

Ich folge den endlosen Gängen, und erblicke erneut Licht. Doch diesmal ist es anders. 2 Strahlen treffen mich zwischen meinen Augen. Es hat schon etwas Magisches. Solar angezogen, lasse ich mich leiten. Schon bald merke ich, doppelt hält besser (ich hätte wirklich Philosoph werden sollen)! Was ich jetzt sehe, sehe ich oder aber auch nicht? Es wirkt, als ob ich durch meine Augen meine Augen erblicke. Dieser Blick richtet sich auf mich. Was hat das alles nur zu bedeuten? Ist etwa mein Inneres Ich auch mein Äußeres Ich? Fragen über Fragen schwirren durch meinen Kopf (jetzt mal im Ernst, wo auch immer ich mich gerade befinde, fliegen Fragezeichen über mich hinweg). Komm erst runter, sage ich und ganz allmählich ruckelt der Raum, in dem ich bin. Eine Luke öffnet sich und bevor ich etwas unternehmen kann, bin ich schon gefallen. Unsanft lande ich und blicke mich um. Ich erkenne ein komisch rot aussehendes „Etwas". Schnell wird mir klar, dies ist der einzige Weg nach oben (und vielleicht heraus aus dieser kuriosen Situation). Grazil wie ein Schwein und mit der Leichtigkeit eines Elefanten schnappe ich nach dem roten „Etwas" und ziehe mich hinauf. Ich bin verblüfft, nachdem ich mich hängen gelassen habe, (ich sollte wirklich wieder mehr Sport machen...) falle ich auf sanften Boden. Es fühlt sich prickelnd an, wirklich angenehm. Zudem wirkt die seltsame Substanz wie ein Trampolin. Ich springe auf und ab und auf und ab. Stooooooopp! Ich schreie, die Substanz unter meinen Füßen beginnt sich zu bewegen. Bevor ich mich retten kann, werde ich nach vorne geschleudert. Doch ich knalle nicht gegen etwas. Ein Raum öffnet sich und ich fliege, wie vom Katapult geschossen, hinaus ins Unbekannte. Ein Schlag trifft mich. Mein Kopf tut weh. Ich erwache. Diesmal ist es anders. Ich bin befreit von meiner Müdigkeit.

Deletia

Existenziell. Verführerisch. Bedrohlich. Das ist Deletia. Wer oder was soll das genau sein? Delete. Existenziell. Verführerisch. Deletia, die Hauptstadt der Ahnungslosen, die Hauptstadt des Seins. Delete. Existenziell. Tom wacht auf, wieder einmal in Schweiß gebadet. Sein Körper zittert, er hat schon wieder von Deletia geträumt. Wirre Gedanken, verschwommene Bilder, ziehen durch seinen Kopf. Was hat er durchgemacht? Delete. Tim wacht auf. Ein neuer Tag kann beginnen. Frisch und ausgeschlafen geht er unter die Dusche und gibt sein Gesangstalent zum Besten. Es ist zu schön, um wahr zu sein. Bürger der Stadt Deletia, Bürger der Stadt, in der alles gelingt. Arbeiten? Kennt Tim nicht. Geld gibt es schon lange nicht mehr in Deletia. Jeder lebt so, wie er es möchte, denn monetäre Ausgaben wurden durch Zufriedenheit und Freiheit für alle ausgetauscht. So schreibt es Deletia vor, Deletia hat niemals Unrecht. Delete. Tam wacht auf. Sie kriecht mühsam aus ihrer quadratischen Laube heraus, wo der Platz gerade einmal zum Schlafen reicht. Es stinkt nach Abfall, es stinkt nach toten Tieren und noch viel mehr. Wieder einmal blickt Tam auf den Fluss, der schon lange keiner mehr ist. Das trockene Bett teilt Tams Bleibe und die angrenzende Stadt auf. Tam mault stark, flucht und murmelt etwas. Deletia, Deletia, Deletia, warum nur gibt es diese verdammte Stadt? Wer hat das Recht gehabt, sie damals als Verstoßene zu degradieren und jenseits des ehemaligen Flusses zu schicken? Tam weiß genau, was sie hat. Tam hat Nichts. Zufriedenheit und Freiheit, was für ein absoluter Schwachsinn! Delete. Tum erblickt das Licht. Doch kann er überhaupt sehen, was da auf ihn wartet? Seine mitgenommene Mutter hält ihn in den Händen und ist überglücklich. Tum weiß nichts von seinem Glück und fängt erst mal an, dem Urin freien Lauf zu lassen. Tums Mutter ist das egal, dem Arzt und der Hebamme sowieso. Alles ist perfekt. Deletia hat einen weiteren, kleinen Mitbürger erhalten. Tum nimmt alles wahr, alles ist wahr, die Wahrheit zum Greifen nahe. Doch zunächst muss Tum sich um den Daumen seiner Mutter kümmern, sein Griff ist noch ganz schwach, aber zärtlich. Neue Menschen in Deletia sind glücklich. Freiheit und Zufriedenheit. All dies steht dem kleinen Tum noch bevor. Delete.

Mara ist gehetzt. Mit ihrem Fahrrad saust sie durch die Straßen von Deletia, welche komplett gesäubert sind und einen eigenartigen Glanz versprühen. Eigen war Mara schon immer, artig ab und zu. Doch in diesem Moment hat sie ganz andere Sorgen. Sie kommt zu spät? Zu was genau? Weiß sie selber nicht... Ausgebremst von ihrem sich fragenden Ich, macht sie einen Stopp, während sie überlegt, was genau sie eigentlich vor hatte. So eilig, wie sie es hatte, muss ja schließlich etwas der Grund dafür sein. Deletia ist so eine schöne Stadt, schweift sie von ihrem Ursprungsgedankengang ab. Macht es überhaupt Sinn, sich einen Sinn zu bilden über den Sinn ihrer Fahrradtour? Mara grübelt und grübelt. Delete. Mora ist Reporterin, besser gesagt fliegende Reporterin. Hoch über den Wolkenkratzern von Deletia ist ihr Zuhause. In ihrem eigens für sie designten Helikopter, der zudem auch noch autonom fliegt, kreist sie über der Stadt. Das blühende Leben, in der Innenstadt, fasziniert sie immer wieder. Sie hat definitiv den besten Job der Welt, den ihr keiner mehr nehmen kann. Ihr Helikopter kann sogar Fotos schießen. Dafür wurde extra eine kleine Kamera an der Spitze des Helikopters angebracht, welche eine Auflösung von 20k hervorbrachte. Manchmal fragten Mora Leute, was es denn mit diesen 20k auf sich habe. Mora konnte immer nur mit dem Kopf schütteln, in einer so tollen Stadt wie Deletia, war es doch klar, was es mit 20k auf sich habe. Delete. Mira lebt im Exil. Einst arbeitete sie für die Stadt, für Deletia. Sie war eine ranghohe Beamtin. Doch was ihr damals zustieß, würde sie niemals vergessen. Nach nur einigen Tagen im Amt der Stadtverwalterin, wurde ihr bereits klar, dass etwas nicht stimmen konnte mit ihrer Stadt. Ihre Aufgabe war es, Struktur und Einheit in die Straßen Deletias zu bringen. So weit, so gut. Doch weit gefehlt! Es war alles zu einfach, alles zu glatt. Weder ihre Vorgesetzten, noch ihre Delegierten, hatten jemals eine Meinung gehabt, zu den Thesen und Wünschen, die Mira äußerte. Sie versuchte, neutral zu bleiben, doch es war bereits viel zu spät. Mit der länger ausgeführten Amtszeit, wurde sie immer mehr genau zu dem, was sie nicht sein wollte. Eine funktionierende Maschine, in einem Apparat, der vermeintlich als der Beste galt, allerdings viel mehr Schein als Sein war. Emotionen gab es nicht und Mira hatte Probleme, überhaupt welche kreieren zu können. Eines Tages überfiel sie ein Gedanke, den sie nicht mehr loslassen konnte. Sie war glücklich, dass sie trotz ihrer emotionalen Kälte es schaffte, nicht komplett sich dem Sog Deletias hinzugeben. Wie ein Donnerschlag, wusste sie, was sie zu tun hatte. Eine Lücke in der Gesellschaft, gab es nicht, um zu entkommen, das war ihr klar. Allerdings konnte sie einfach abhauen. Sie würde ins Exil gehen, ihr eigenes erschaffen. Sie wäre der erste Mensch, der dies getan hätte, aber wer, wenn nicht sie? Es würde sowieso keinem auffallen, wenn sie an ihrer Arbeitsstelle nicht mehr antreten würde. Keiner hatte sich je um sie gekümmert und innerhalb weniger Tage, wäre der Posten sowieso anders besetzt. Es war Miras Revolte, eine kleine Revolte gegen Deletia. Es musste der Anfang einer neuen Bewegung sein. Das schwor sich Mira! Delete. Mura wacht auf, wo genau sie sich befindet, weiß sie nicht. Alles um sie herum sieht aus wie ein Kerker. Folterinstrumente prägen die Wand. Kann das realistisch sein?

Sie weiß es nicht. Sie versucht sich zu bewegen, doch scheitert. Sie scheint fest gekettet zu sein, an einer hölzernen Liege. Es kann nicht mehr schlimmer werden, denkt sich Mura. Sie hört Schritte. Der Angstschweiß auf ihrer Stirn nimmt zu. Realität, Traum? Realität, Traum? Mura wägt ab und plötzlich steht ein alter Mann, im weißen Kittel, vor ihr. Er begrüßt sie und lädt sie ein, mit ihm in die wundervolle Welt der Freiheit, der Zufriedenheit zu kommen. Sie kommt erst gar nicht dazu, ihren Mund zu öffnen, als der alte Mann ihr ein komisch aussehendes Serum in ihren Arm spritzt. Das letzte, was sie vernimmt, sind einzelne Buchstaben. D L T A. E E I. DEL.E.T.I.A. D.E.L.E.T.I.A. Delete...

Deletia, was ist das für eine Stadt?, Deletia, warum bist du bloß voll mit Freiheit und Zufriedenheit? Deletia, wer machte dich zu dem, was du bist? Deletia, wer kann es wirklich mit dir aufnehmen?

Deletia, du bist doch Perfektion. Deletia, du bist das einzig Wahre. Deletia, du bist existenziell. Deletia, du kannst dich niemals selbst vernichten.

Mik wacht auf. Stimmen in seinem Kopf haben ihn dazu gebracht, seinen geliebten Schlaf zu unterbrechen. Schlafen, ja, das kann man freilich am besten tun, in Deletia. Keiner stört einen. Keiner unterbricht einen. Keiner durchdringt die Ruhe. Mik ärgert es, dass er sich im Prinzip selber eine Standpauke halten kann. Nur durch sein eigenes Verhalten, hatte er aufgehört zu schlafen. Doch was genau waren das für Stimmen, die er vernommen hatte? Mik ist sich nicht sicher, was mit ihm geschehen war. Er hatte noch nie seinen Schlaf wegen komischer Gedanken unterbrechen müssen. Soll er sich nun deswegen Sorgen machen? Eher nicht, denkt er sich und versucht, weiter zu schlafen. Deletia, Göttin der Sorgen,

Deletia, Göttin der Unbekümmertheit. Wieder bricht Mik aufgrund seiner ungewöhnlichen Strapazen seinen Schlaf ab. Warum musste ihm das bloß passieren? Wütend steht er auf. Es hat keinen Sinn mehr. Es hat keinen Sinn mehr zu schlafen. Es hat keinen Sinn. Delete. Mak erfreut sich der schönen Kulisse, die sich ihm darbietet. Genüsslich liest er seine Zeitung und guckt den Kindern beim Spielen auf der Wiese zu. Mak ist alt, sehr alt. Ungefähr 120. So genau weiß er das aber auch nicht. Seit er sich erinnern kann, ist Deletia seine Heimat gewesen. Keine andere Stadt ist so schön wie seine. Hier würde er sterben, ist er fest überzeugt. Wenn er denn sterben würde. Mak musste lachen. Schon oft hatte er sich dieses Szenario ausgemalt, doch in nächster Zeit würde das bestimmt nicht passieren. Während andere Menschen Mak passieren, denkt er über das nach, was er immer tut. Deletia ist Perfektion, Deletia kann nicht mehr besser werden. Seinen Park liebt Mak, seitdem er klein ist. Der Park hatte schon immer enorme Grünflächen, aber in den letzten Jahren hatte Deletia ihn noch einmal ausgebaut und verschönert. Es ist einfach zu schön, um wahr zu sein. Delete. Muk schreibt gerne über Deletia. Es ist schon immer ihr Lieblingsthema gewesen. Muk ist die Starjournalistin schlechthin in Deletia. Immer auf dem neuesten Stand, immer den neuesten Trend parat. In einer sich so schnell verändernden Stadt, musste man ja schließlich up to date sein. Wenn Leute Muk fragen, wie sie all dies immer schaffe, dann muss sie schmunzeln. In einer Stadt wie Deletia, habe Informationsbeschaffung stets die oberste Priorität. Seien es die vielen 15k Auflösungsdisplays oder Monitore, die überall in der Stadt hingen, oder seien es die 5 mal 5 Meter großen Leinwände, die über aktuelle Aktionen informierten. Muk ist vehement der Meinung, dass in Deletia jeder informiert wird, auch wenn er oder sie es nicht wollen würde. Diese Vorstellung verwirft sie dann jedes Mal, denn ein Mensch, der kein Bedürfnis an Aktualität oder Informationen besitzt, ist für sie nicht der Existenz würdig. Direkt ins Exil und den Deckel darauf machen. So hat es Muk am liebsten. Schnell eilt sie zu der nächsten Informationstafel, um sich einen Überblick, über die aktuelle Lage, zu verschaffen. Die Tafel wird von dem Schriftzug: Deletia- Freiheit und Zufriedenheit geprägt. Delete.

Deletia, Stadtstaat, Deletia, Gottesstaat in ihrer wundervollen Reinheit. Deletia, Name ist Programm. Delete.

Wie geht es weiter mit Deletia? Kann Deletia noch gestoppt werden oder ist sie auf dem Weg, dem Existenzialismus eine Existenz zu geben? Delete. Wie geht es weiter mit? Delete. Kann. Delete. Noch gestoppt werden? Delete. Ist sie auf dem Weg? Delete. Existenzialismus. Delete. Existenz. Delete.

Dauer.
Eleganz.
Lebenslust.
Eifer.
Trend.
Intelligenz
Abenteuer.

Druck.
Existenz.
Leiden.
Einsamkeit.
Trauer
Eitelkeit.

Tatort Mord

Das Rauschen des Windes klingt in Jakobs Ohren. Bitterkalt lässt der Winter ihn grüßen. Der Kuss der Kälte gibt ihm das Gefühl, dass er zu erfrieren droht. Jakob mummt sich in seine Kapuze und in seinen Schal ein. Nicht nur, dass er die Kälte nicht ertragen kann, er will unter allen Umständen unerkannt bleiben. Seine Identität darf nicht auffliegen! Das Messer, welches von kleinen Eiskristallen bedeckt wird, lässt er gekonnt durch seine Finger schnellen. Würde man Jakob erkennen, wüsste man, welch diabolisches Lächeln sich in seinem Gesicht langsam formt. Er darf nicht zurücktreten von seiner Mission, die ihm Erlösung bringen soll. Der Park, durch den er schleicht, ist spärlich beleuchtet und noch ist keine Menschenseele weit und breit zu sehen. Jakobs kalte Augen blicken umher, versuchen jede noch so kleine Bewegung zu erhaschen. Es ist noch früh am Morgen, doch Müdigkeit kennt er nicht. Sein Opfer wird kommen, er ist sich sicher. Er hat alles bis ins kleinste Detail perfekt ausgemalt. Ein schräges Kichern entgeht aus seinem Mund, wieder einmal fühlt er sich inspiriert von seiner Verrücktheit. Mord ist etwas ganz feines, etwas existenzielles, etwas gewinnbringendes. Er ist sich sicher, er ist der Auserkorene. Es möge kommen, was kommen mag. Nichts wird ihn aus der Ruhe bringen. Die Parkbänke schimmern im gedimmten Licht. Sie bewegen sich nicht, doch trotzdem scheinen sie ein bizarres Eigenleben zu führen. Jakob steigt auf sie herauf. Auf jede einzelne, vollführt Sprünge und lebt seinen kranken Geist aus. Doch er muss stets auf der Hut sein. Zu laut und er fliegt auf. Zu sicher und er ist nicht mehr sicher. Der Park erwacht. Vereinzelte, verzweifelte Tierrufe sind zu hören. Jakob ist alarmiert. Es wird nicht mehr lange dauern, bis sein Opfer ihm in die Fänge geht. Seine Sinne sind verwirrt, die eisige Kälte gibt Jakob den letzten Funken Abgeschiedenheit, die er so dringend benötigt, um weiter zu sinnieren. Stille. Die Tiere haben sich rasch zurück gezogen. Jakob sucht Schutz hinter einem Baum. Das Unglaubliche tritt ein. Das Verständliche tritt ein. Ein Jogger tritt ein. Jakobs Blicke erspähen ihn sofort. Er weiß, was er zu tun hat. Es mag sein, dass keine Relation zwischen dem Auserkorenen und dem Auserwählten besteht, aber das Opfer muss sterben, ob es will oder nicht. Nichtsahnend macht sich der Jogger auf zu den Parkbänken, von welchen er sich direkt auf die Rasenfläche begibt. Ein herrlicher Wintertag, so früh, so schön. Auch er ist vermummt, um der Kälte mit ein wenig Wärme zu trotzen. Seine Lippen sind von Eisperlen verklebt, doch er schafft es, ein etwas schräges Pfeifen hervorzubringen. Der nächste Baum ist seine Haltestelle. Seine Endstation. Jakobs Messer blitzt auf und er sticht den Jogger nieder. Das Blut spritzt und hinterlässt eine rote Lache. Jakob ist außer sich vor Freude und kann nicht aufhören. Immer weiter, immer weiter, immer weiter. Als Auserkorener, ist es ihm verboten, nachzulassen. Regungslos, bedeckt von seinem Blut, bildet der Jogger eine abstruse Symbiose zu der Parklandschaft. Noch nicht einmal vor Schmerzen konnte er aufschreien, so schnell und oft stach Jakob zu. Der Wind johlt, Jakob johlt. Doch sein Johlen kommt tief aus seiner schwarzen Seele. Seine Synapsen sind gekappt. Jakob hat den Höhepunkt seiner dunklen Ekstase erreicht. Nach und nach formt sich Zufriedenheit bei Jakob. Die blutigen Hände und das rot getränkte Messer geben ihm das, wonach er sich gesehnt hat. Was aus ihm wird, spielt keine Rolle. Das Opfer spielt keine Rolle. Seine Verrücktheit spielt keine Rolle. Er hat es geschafft, er hat es vollbracht. Ein wenig später kehren die ersten Wanderer in den Park ein. Jakob legt sich neben den Jogger, die Arme weit ausgebreitet, die Kälte auf einen Schlag verschwunden. Seine perfide Fantasie hat sich in ein Ebenbild des Ganzen geformt. Er greift die Hand des toten Joggers und fühlt sich wohl. Er schließt seine Augen. Laute Sirenen nähern sich. Jakob bleibt in seiner Starre. Für ihn gibt es keine zeitlich beschränke Handlung mehr. Die Wanderer, die erbitterte Schreie ausgestoßen hatten, nachdem ihre Blicke das abscheuliche Bild gesehen haben, riefen direkt die Polizei, welche sich umgehend auf den Weg gen Park gemacht hatte. Die Polizisten konnten den Tatort direkt lokalisieren. Die Wanderer standen unter Schock, konnten aber die Mordstelle genau definieren. Jakobs Traum, Jakobs Alptraum. Kein Aus, kein Ein. Er hörte Stimmen rufen, nahm sie nicht wahr. Die Polizei fand ihn neben dem toten Jogger liegen. Rot untermalt, mit Blut gemalt, war klar, was geschehen war. Jakobs Körper ebenfalls wie tot, komplett regungslos. Doch dann passierte es. Seine Lippen formten erneut das selbe Lächeln, mit dem er durch den Park gegangen war. Diabolisch, verwirrend und mit einer komischen Note der Zufriedenheit.

Kapitel 2 → Gedichte

Der spinnt, der Davy Jones

Der spinnt, der Davy Jones!
Fluch der Karibik,
Atlantik oder Pazifik.
Der Spind, stinkt,
wenn es Davy Jones nicht gelingt
und der Käsefuß hinterher hinkt...

Auch Hundertwasser,
machte Jones nicht auch noch
ein Jahrhundert nasser!
Über Wasser halten,
die Flying Dutchmen verwalten,
wäre Davys Traum,
doch ist dafür kein Raum!

Denn dann kommt Mario Barth
und nimmt ein ganz langes Bad.
Sein Bart geht unter,
Tschuldigung, sein Bad geht unter!
Versperrt Jones den Weg,
wie ein nicht enden wollender Steg.

„ Ich glaub' ich spinne!" ruft Jones,
da ist eine Spinne auf seinem Deck,
abscheulicher Dreck,
sollte ganz schnell weg,
vom Bug zum Heck!

Auch braucht er neue Klamotten,
um sie zu vertuschen,
seine beängstigenden Marotten.

Nun wendet er sich dem Versandhaus Hahn zu,
doch ehe er gucken kann,
dreht dieses den Hahn zu!

Es ist verflucht, falsch!
Er ist verflucht...
Nicht wirklich flüssig,
sperrt er sich ein,
in seinen Spind!

Herzlich Willkommen
in der Welt von Davy Jones,
der wirklich spinnt!

Entscheiden

Lässt man sich nach einer Scheidung wieder verheiraten,
kann man auf diesem Wege sagen: „Zusammen entscheiden?
Ist die Entscheidung die Lösung zur Entscheidung?"
Wissen wir Bescheid, gibt es einen Bescheid...
Ist die Entscheidung wirklich gescheit?
Man wollte sich ja erst trennen, um sich dann wieder zu
verbinden, wo ist da die Konnektion?
Also, entscheidet weise, tretet aus der Scheidung, am besten
leise...

Theorie und Praxis

Ich werde freundlich hinein gebeten,
verschwende nicht einen Moment mit Gebeten.
Sie sieht wundervoll aus und fragt mich, wie es mir geht?
Mir ist das alles egal und ich denke, ob unser Date später steht?

Mit einem traumhaften Lächeln schickt sie mich ins Wartezimmer,
hier liebe ich es zu sein, wirklich, einfach immer!
Komplette Leere strahlt mich an,
ich bin der einzige Mann.

Auch Frauen sind keine vor Ort,
ich jage keine Fliegen fort.
Da sehe ich das Prunkstück,
eine Zeitung,
mit der bin ich wirklich einer Meinung.

Es dauert 5 Minuten, die besonders wohltuend guten,
bis der Doktor mich mitnimmt,
und ich erkenne,
dass es wirklich stimmt.

Er heilt mich in nur einem Zuge,
begleitet mich grazil über die Türfuge.
Ich verlasse das Etablissement,
feiere meine meine schnelle Heilung
im nächsten Restaurant.

Ich werde verhasst angeschaut,

habe mich kaum hinein getraut...
Das elende Biest fragt mich,
warum ich schon wieder so beschissen aussehe?
Ich kann ihr nicht in die Augen blicken,
warum habe ich mich hier bloß blicken lassen?

Ein böser Finger weist mir den Weg,
in mir keimt der Groll, den ich gegen sie heg'.
Es ist zum Brechen voll.
Das erste Erbrechen der Dame gegenüber, wie immer ganz toll.

Neben mir, der Mann,
steckt seinen Finger in die Nase dann.
Holt ihn raus, den großen Popel,
fast wie ein Opel.

Der Junge neben mir, hat sich alles gebrochen,
die Dame gegenüber, schon wieder erbrochen...
Es wird einfach immer schlimmer,
in diesem grausamen Wartezimmer!

Die Zeitschriften, die mich anstarren,
würde ich am liebsten direkt hinaus karren.
Bild der Frau, Bild des Mannes, Bild der vermaledeiten
Doktoren, die ich gerne überfahren würde
mit Traktoren!

7 Stunden später werde ich gerufen,
der Doktor erscheint, mit lahmen Hufen.
10 Spritzen später,
bin ich scheintot.

Ich wanke aus der Tür hinaus,
jetzt ist es wirklich aus!

Ich falle über den nächsten Stein
und breche mir ein Bein.

Ich werde ins Krankenhaus gefahren
und sehe mich konfrontiert
mit neuen Gefahren!

Doch ich lasse einen ekstatischen Schrei heraus:

Ich danke ihnen, dass Sie mich aus der Hölle befreiten,
jetzt kann ich getrost in mein Krankenbett gleiten!

Ich denke mir, dass Theorie und Praxis oft beieinander liegen.
Kann ich also ruhig in meinem Krankenbett liegen bleiben.

Nach meiner Heilungsphase,
platzt meine Blase,
blutet meine Nase,
fällt mir mein Verstand ab.

Ich kriege einen Zettel in die Hand gedrückt,
bin vor Angst in den Wahnsinn gerückt.
Ich erblicke den Namen des behandelnden Hausarztes...

Gespräch

Frau zum Mann: Du bist der, der denkt, dass er alles kann.
Mann zur Frau: Du bist die, die denkt, sie ist besonders schlau.

Frau argumentiert: Ich habe schon viele Dinge mit dir
vergeblich probiert.
Mann lacht: Du hast wirklich noch nicht viel vollbracht.

Frau schlägt zurück: Du bist wirklich das letzte Stück!
Mann erbost: Das nimmst du auf der Stelle zurück!

Frau gibt wieder: Irgendwann schlage ich dich nieder!
Mann grummelt: Das höre ich immer wieder...

Frau erbost: Ich bin nicht mehr die, die dich liebkost.

Mann erstarrt und verharrt.
Frau blickt, Mann nach unten knickt.

Mann gibt von sich: Bitte, Bitte, heirate mich!
Frau lächelt: Ich hasse dich!

Kurioses und Knall

Diese Geschichte wird dich packen.
Wirklich, danach kannst du einpacken.
Die Geschichte ist ziemlich mysteriös.
Doch ist dieser Mist seriös?

Deine Gefühle und ihr Ausdruck.
Deine Bücher und ihr Ausdruck.
Stifte und ihre Kappen.
Dabei kannst du sie direkt kappen.

Erzähl mir,
bringt mit Siegfried
der Sieg Friede?
Was passiert mit mehreren?
Resultieren sie dann in den Siegfrieden?

Ich merke schon,
du bist nicht wahrlich licht.
Vermutlich liegt es am Licht.
Also, führen wir die Geschichte fort...

Um zu verstehen, musst du dich strecken.
Nicht immer Alkohol strecken.
Schon gar nicht auf gefährlichen Strecken.

Geht dir schon der Saft aus?
Ich habe hier noch O-Saft!
Wirklich saftig,
wie die Strafe.

Wir müssen hier definitiv etwas zurechtrücken.
Doch plage ich mich mit meinem Rücken...
Dieser weiß nicht zu entzücken,
genau wie Klara.

Klara würde gerne Mark markieren,
in ihrem Status.
Doch mag Mark ihren?

So ist das, wenn sich Dinge überlappen.
Am besten reden wir direkt über Lappen.
Oder über Gabeln, Gabelungen
und Hey, da ist schon wieder Siegfried
aus den Nibelungen...

Bei all den wichtigen Sachen,
brauche ich ein Radler.
Kannst auch gerne eins haben,
bist doch ein strammer Radler!

Deine Gelenke,
werden gelenkt,
wie deine Masse
und die Menschenmasse.

Denk also mal an Zahlen,
das Radler, werter Freund,
musst du auch noch anzahlen...

Wenn wir schon beim Bier sind,
glaubst du, dass Tannenzapfen
ein Indiz dafür sind,
dass Tannen zapfen?

Sind sie dann allesamt betrunken,
erscheint die Hundertschaft,
die einhundert schafft...

Ich möchte dir zum Schlusse
noch ein paar Fragen stellen.

Wenn wir einen Kampf bestreiten,
wirst du das dann bestreiten?
Wenn wir ihn austragen,
wirst du danach verkrampft Zeitungen austragen?

Sehr important,
kann ein Tretroller Schmerzen empfinden?
Oder muss er einstecken...

Mit etwas mehr Einsatz,
wird die Musik,
die Klassik,
dann schneller zum Klassiker?

Sind Kinder manchmal ungezogen,
wie Schrauben,
oder Snacks im Automaten?

Das war es, lieber Freund.
Danke für das Zuhören!
Gemeinsam, bleiben wir einsam.
Unsere Bündnisse, die gemeinsamen,
entfalten sich, wie ein Samen...

Von Dieben, Früchten und Birnen

Mein Füller lässt dieses Gedicht füllen.
Während er sich füllt,
die Wahrheit enthüllt,
der Keks sich füllt,
freue ich mich über beide Backen,
habe ich 2 Fliegen mit einer Klappe gebacken.

Au Backe!
Das denkt ihr euch sicherlich
und ich wiederum,
frage mich,
wie kann ich euch emotional mitnehmen,
auf eine abenteuerliche Reise mitnehmen...

Ich habe euch einiges zu sagen,
daher gebt mir eure Zusagen.

Ich werde zunächst frische Beeren kühlen,
ihr solltet daher,
wie die Bären,
beim Fischen,

einen kühlen Kopf bewahren.

Vielleicht sind die Beeren verdorben,
dann habe ich diese Chance wirklich verdorben...

Ich kann sie nicht verdauen,
muss dies erst einmal verdauen...

Letzte Nacht habe ich es zu wild getrieben,
heute Morgen, habe ich Wild getrieben.
Jetzt widme ich mich meinen Trauben,
hoffentlich werden sie dem Tee nicht sein Aroma rauben...

Ich erblicke eine Birne
und hoffe sehr,
ihr habt etwas in der Birne!
Da fällt mir ein,
ich muss sie noch wechseln,
meine alte Glühbirne!

Ich besitze viele Waren,
frage mich,
was sie alle einst waren...

Wonach sie wohl alle riechen,
aus welchen dunklen Ecken sie kriechen...

Wollt ihr nun eine Zigarette rauchen,
führ wahr, dies kann ich nicht gebrauchen...

Dann müsste ich all die Reste aufheben,
den besten Teil dieses Gedichtes,
werde ich mir für später aufheben!

In meinem Nachbarhaus passierte ein Diebstahl,
eine Schande,
all die schönen Sachen,
die der Dieb stahl...

Als ich davon erfuhr,
hatte ich einen Trank,
den ich bekümmert trank.

Danach hatte ich einen klaren Klaren,
war mir darüber durchaus im Klaren...

Bevor ich weiter abschweife,
zurück zu den Keksen.
Über sie streiche ich nun eine weiße Substanz.
Wahrhaftig, Erste Sahne!
Nein, im Ernst, im Supermarkt war sie die erste Sahne.

Ich möchte nun das Ende des Gedichts ausrufen,
diese irrwitzige Geschichte soll nicht noch mehr ausufern...

Sollte man euch je etwas klauen,
greift eure Peiniger an,
mit gewetzten Klauen.
Danach, solltet ihr,
so wie ich,
entspannt Kekse kauen!...

Der schmatzende, schmarotzende Schmatzer

Es war einmal ein schmatzender, schmarotzender Schmatzer.
Dieser hatte immer Ziele im Auge, erlaubte sich keine Patzer.
Der schmatzende, schmarotzende Schmatzer war wie keiner
zuvor.

Gekonnt seine Opfer ausgesucht, preschte er hervor...

Dem schmatzenden, schmarotzenden Schmatzer entging keine Bewegung.
Er beobachtete alles ganz genau, sich und seine Umgebung.
So kam der schmatzende, schmarotzende Schmatzer schnell an seine Beute heran gezischt,
das Verhalten dieser war eher zurückhaltend, um nicht zu sagen gemischt...

Dem schmatzenden, schmarotzenden Schmatzer konnte niemand ausweichen,
mit nicht nachzuahmender Perfektion, hinterließ er seine Zeichen.
Es entstand das Gerücht, dass der schmatzende, schmarotzende Schmatzer immer noch lebe
und dass die Erde mit erheblicher Angst vor ihm bebe...

Die leidige, ledige Lederhose

Sie ist wahrlich eine lieblose.
Will, dass ich sie liebkose.
Die leidige, ledige Lederhose.

Sitzt ziemlich locker an.
Das haut mich nicht vom Hocker dann.
Sie ist definitiv keine feste.
Will aber getragen werden zu jedem Feste.

Sie sagt, bayrisches Blut fließe in ihr.
Aber, aber, dieses Spiel, nicht mit mir!
Ich frage mich, warum ich sie überhaupt besitze,
ist zumeist eh getan in die letzte Ritze.

Sie stöhnt, will geschätzt werden,
überall, wirklich, getragen,
auch auf Pferden.

Warum musst du denn so nerven?, frage ich sie.
Sie antwortet: Ich bin doch so einsam,
es wäre viel besser gemeinsam...

Ich schüttele vehement den Kopf,
sie besitzt noch nicht einmal einen Knopf!
Die leidige, ledige Lederhose,
hängt jetzt in meinem Schrank,
ziemlich lose...

Die Ballade der mächtigen Männer

Die mächtigen Männer hocken zusammen,
trinken Schnäpse,
die besonders strammen...

Ein Mann, ein blonder,
mit dickem Bauch,
einer mit Glatze,
ja der auch...

Einer mit Schnauzbart,
gerät in wilde Fahrt.
Ist mal wieder nicht zufrieden
mit dem Frieden.

Die anderen beiden lachen,
was macht der Schnauzer bloß
für Sachen?
Die Frisur des Dicken,

kann man aber auch knicken...

Der mit der Glatze,
ist durch und durch trainiert,
hat soeben den Wodka probiert.
Sein Land, sei das Beste,
jeden Tag ein neues Feste...

Der Blonde schüttelt den Kopf,
und vor lauter Unwohl,
platzt ihm sein oberster Knopf.
Sein Land sei das schönste weit und breit,
doch dafür seien die Glatze und der Schnauzer noch nicht bereit...

Der Schnauzer haut die flache Hand auf den Tisch,
er macht nun reinen Tisch.
Sein Land sei einzigartig,
wirklich einzig und artig!
Probleme gäbe es nie,
nur Freude
und die wie!!!

Die anderen beiden schauen sich an,
was ist an dieser Geschichte dran?
Wohl nicht besonders viel,
denn den beiden nichts gefiel...

Die 3 mächtigen Männer diskutieren weiter,
mit steigendem (Lärm)Pegel,
besonders heiter...

All ihre Länder bräuchten Reformen,

in diversen Formen.
Man wolle ja nur das passendste für sein Land,
wie ein großes Paket plus geeignetem Band.

Jeder Bürger würde ihnen bedingungslos gehorchen,
beginnen sie lauthals zu singen
und nach ihren Pfeifen springen...

Das Ende der Geschichte,
mag auf der Hand liegen.
Sie fingen an, sich gegenseitig zu bekriegen...

Letztendlich fielen die 3 mächtigen Männer tot um,
ja wirklich, es ist einfach zu dumm...

Wenn...

Wenn Putin Bären erlegt,
wenn Trump Mexikaner zerlegt,
wenn Merkel Seehofer verlegt,
wenn Erdogan Böhmermann belegt,

dann schnappen Fallen,
dann fallen Sombreros,
dann ziehen die Oppositionellen Hüte,
dann hütet Böhmermann Reime,

wenn dann das Territorium,
wenn dann das Territorium vergrößert,
wenn dann Bayern das Territorium vergrößert,
wenn dann Bayern das Territorium nach Osten vergrößert,

ja dann gibt es Verbrechen,
ja dann gibt es Erbrechen,

ja dann gibt es Gebrechen,
ja dann gibt es,

nur eine Solution,
zweifache Observation,
dreifache Perfektion,
vierfache Resolution,

macht Putin platt,
ebnet Donalds Frise glatt,
setzt Merkel gegen Seehofer Schach Matt,
und gebet Erdogan den finalen Cut!

Aus Bildung wird Einbildung

Aus Bildung wird Einbildung.
Einbildung oder Ausbildung?
Ausgang, Eingang, ein Gang?

Austreten, aus Treten, eintreten, eintreten.
Einsehend, aussehend, eingebende Ausgebung.
Einfall zum Ausfall!
Ein Fall zum Ausfall!

Ausversehen, ein Versehen!
Bildung aus, Bildung ein,
Eingebung aus Gebung!

Aus einfach wird außerdem ein Fach.
Einfach austreten!

Ausbildende, einbildende, ein bildendes Ausbild, einerseits
außerhalb eingiebig ausgiebig ausuferndes, einheizendes Bild,
aus einerlei aufgebender, eingebender Bildung!

Mal minus, mal Plus

Mal minus, mal Plus,
Mal gerecht,
Mahl gerecht.

Mal geteilt,
Mahl geteilt.
Mal mal Mal,
Mal negativ,
Mal positiv,
Mal geniert,
Mal dividiert.

Jedes Mal,
nehme ich mal an,
dass jedes Mahl,
mal minus,
mal Plus sein kann.

Malen will gelernt sein,
Male wollen respektiert sein,
Daher denke ich mal,
bleibe ich am liebsten beim Mal.

Zwiegespräch

Ich G8,
Ich G9,

mit aller Macht,
freuen.

12 Jahre,
13 Jahre,

besondere Gabe,
die ich habe.

Ministerial gewollt,
G9 weggerollt.

Ich habe es vollbracht,
Ich sagte: „ Gute Nacht! "

Nun ändere ich mich,
für mich.

Wer bin ich noch,
G9,
G8,
doch,

falle zurück,
finales Stück.

G8 Bruch,
G9 Fluch,

endet,
beginnt neu.

Freue mich,
über mich.

Habe alle beschissen,

werde nicht vermissen,
mein System,
nicht enden wollendes

Problem!

Unter der Haube

Unter der Haube wird frisiert.
Unter der Haube wurde frisiert.

Unter der Haube surrt der Motor.
Unter der Haube dreht sich der Hochzeitsrotor.

Unter der Haube wird gekämpft.
Unter der Haube manchmal auch.
Unter der Haube verfängt sich ab und zu Laube.
Unter der Haube ab und zu eine Menschentraube.

Unter der Haube wird gearbeitet.
Unter der Haube wird verarbeitet.
Unter der Haube läuft nicht immer alles rund.
Unter der Haube läuft nicht immer alles rund.

Unter der Haube steckt man alles rein.
Unter der Haube steckt man sich 2 Ringe ein.
Unter der Haube ist nichts wie es war.
Unter der Haube stellt doch auch Liebe dar.

Unter der Haube wird der Ablauf reibungslos.
Unter der Haube werden alle negativen Emotionen los.
Unter der Haube lässt es sich sehen.
Unter der Haube wenn 2 Verliebte sich gegenüber stehen.

Der Bestoiber

Ach, ich vermisse ihn,
den guten, alten Edi...

Bestoiber,
Betoiber,
Roiber...

In der Elefantenrunde,
brachte er keine frohe Kunde.

Chaos
Super
Union,

gab ihm stets fehlende Munition.
Weißbiere knallten,
sein Verhalten,
war verhalten.

Das Zepter übernahm unser Horst,
in seinem heimatlichen Horst.
Stets hofiert er Angie über alle Seen,
stellt klar,
dass wir das alles sehen...

Gibt es doch mal einen Zwist,
ist die Stimmung trist.
Aber es ist, wie es ist.

So möchte ich Edi raten,
bestoibe weiter,

munter und heiter,
vielleicht wird die Chaos Super Union
irgendwann gescheiter...

Sitzen bleiben

Einfach mal sitzen bleiben.
Nicht dem Alltag hinterher treiben.
Einfach mal ruhen.
Auf dem Sofa, nichts tun.

Ohne Hektik weilen.
Gar nicht erst beeilen.
Sesshaft statt standhaft.
Muße gibt Kraft.

Machen lassen.
Treffen verpassen.
Geld aufheben.
Nichts ausgeben.

Gemütlichkeit probieren.
Ganz ohne studieren.
Fernsehen, ohne Fernwehen.
Nur Knöpfe drücken.
An bewegten Bildern entzücken.

Sitzen bleiben will gelernt sein,
Sitzen bleiben ist außerordentlich fein.
In der Schule nicht so sehr,
Wiederholen, einmal mehr.

Ab und zu strecken,
sonst kriegen die Beine einen Schrecken.

Stets weiter pausieren,
bis wir sowieso alle die Nerven verlieren.

Durchblick

Wenn ich aus meinem Fenster blicke,
aus dem Sessel heraus schaue,
den Stift klicke,
mich traue,
zu schreiben,
Kreativität betreiben,
ist vieles gewonnen,
Tristesse zerronnen,
Mut bekommen,
Erkenntnisse erklommen,
Sinne benommen,
durch Schönheit,
Reinheit,
Feinheit,
der großen Kunst,
der Stunden Gunst.

Der unsanfte Fall

Ich möchte euch von einem Fall berichten,
ein schöner? Mitnichten...
Doch alles ist genau so geschehen,
ihr werdet sehen...

Mein unsanfter Fall,
welch merkwürdiger Fall.
Vom Auto getroffen,
auf der Straße,

ziemlich offen...
Grün die Ampel sprang,
plötzlich,
ein lauter Klang.
Er riss mich fort,
an diesem schicksalshaften Ort.

Windschutzscheibe gebrochen,
Halswirbel gebrochen.
Mehr als benommen,
in den RTW gekommen.

Welchen Schmerz ich spüre,
sollte ich beantworten,
auf einer Skala von 1-10.
Meine Beine schmerzten so stark,
konnte nicht mehr gehen.

Ich stammelte eine 8-9 hervor,
und geschlossen wurde das hintere Tor.
Die Sanitäter mussten lachen,
bei 8-9 geschähen mit mir ganz andere Sachen.

Sie sagten eher 5-6
und los ging die Fahrt
zur Uniklinik Bonn...

Dort angekommen,
hat man meinem Körper
diverse Proben entnommen,
ich war noch immer arg benommen.

Was wohl mit mir geschehen würde?
Ich nahm einzelne Satzfetzen auf:

„ Lähmung? OP? Warten...
Freunde kamen zu Besuch,
an sich ein freundliches Gesuch,
doch wie sie mir verrieten,
sie erst zu einem anderen Krankenhaus fuhren,
waren es zunächst die falschen Spuren...

Der gefühlte, längste Tag in meinem Leben ging vorbei,
es war mir an dieser Stelle einerlei,
denn ich schloss die Augen schnell,
von Medikamenten voll gepumpt,
hat mein Herz zwar sicher voll gepumpt,
aber die Müdigkeit siegte
und hinterließ mich auf dem Krankenbette...

Der nächste Tag brach an,
Klarheit herrschte dann.
Von Schmerzen überrumpelt,
bin ich noch nicht davon gehumpelt...

Keine Operation, keine Lähmung,
in mir keimte pure Hoffnung.
Eine Krause wurde mir angelegt,
welche die zerbrochenen Halswirbel pflegt.

3 Tage musste ich im Krankenhaus verweilen,
und konnte mich,
selbst wenn ich gewollt hätte,
nicht beeilen.

Nach meiner Entlassung,
trug ich 6 Wochen die Krause.
Zurück blieben jede Menge Haare,
ziemlich krause...

Weitere 6 Wochen später,
war ich zum Glück wiederhergestellt,
und habe mir,
zur Feier des Tages,
ein üppiges Mahl bestellt.

Jetzt durfte ich wieder laufen, Auto fahren.
Trotzdem musste ich mich vor weiteren Aufprallen
bewahren.

Ein Zwicken im Nacken
bleibt wohl für immer zurück.
Doch ich hatte wirklich großes Glück.

Ich will nie wieder zurück auf eine Windschutzscheibe,
an welcher ich dann hängen bleibe...

Oktoberfest

Das Oktoberfest,
steht im Oktober fest.
In der Wiege, in München,
gratuliert die gesamte Riege.

Maßlos wird gefeiert,
danach maßvoll gereiert.
Eine stattliche Maßnahme,
für den Herren und die Dame.

Es wird gesoffen,
ziemlich offen,
oft betroffen,
ins Schwarze getroffen.

Zwischen all den Faxen,
Brezeln, Semmeln und Haxen.
Voll mit beiden Backen,
einfach voll freuen, über beide Backen.

Schüttet es einmal auf dem Feste,
dann vermutlich Bier auf die weiße Weste.
Sind die Klamotten ebenfalls betrunken,
wird munter weiter getrunken.

Im bayrischen Festzelt,
die Stimmung sich rasant erhellt.
Stühle werden verrückt.
Leute werden verrückt.

Am nächsten Morgen lässt der Kater grüßen,
all die süßen
Erinnerungen sind verschwunden,
hat man das Oktoberfest
für besonders reichhaltig befunden!

Die Sache des Kopfes

Oft bin ich verloren in Gedanken,
welche hin und her schwanken.
Ob sie realistisch gut tun,
oder fatal gesehen, in mir ruh'n?

Es ist eine Sache des Denkens,
Lenkens,
Schwenkens,
welche mich beschäftigt,
welche mich berührt

und zu fragwürdigen Entscheidungen verführt...
Ich strenge mich an,
richtig zu konkludieren,
doch dann,
muss ich erst meine Gedanken kontrollieren.

Einflüsse, Ausflüsse,
überall.
Verschwommene Masse,
wenn ich erneut verpasse,
mich richtig zu ordnen.

Ordnung (auch im Kopfe),
resultiert in A und O,
wirklich, das ist so!

Aber an all jenes,
möchte ich keinen Gedanken verschwenden
und mich zur Klarheit hin wenden...

Das Ego-Zentrum

Im Zentrum stehe ich.
Wirklich.
An sich verwerflich.
Natürlich.
Ich will.
Mich.
Fokus aller.
Selbstverständlich.
Ich drehe.
Durch.
Brenne durch.
Mit mir.

Ich leite.
Alles weiter.
Zu mir.
Essen und Getränke.
Gehen auf meine Kappe.
Hätte ich bloß eine an...
Im Mittelpunkt des Geschehens.
Bin ich ich.
Vorzüglich.
Erwartungsvoll.
Frage ich.
Warum gerade du?
Mein inneres Ich antwortet.
Weil du ich bist.
Ich bin Du.
Zufrieden lächeln.
Das kann ich.
Auch wenn sich keiner mehr im Raum befindet...

As(s)pik

Ass im Ärmel, Pik in der Tasche.
Ass-Pik, Pik-Ass, was du in der Tasche hast.

Aspik, was nicht jeder mag.
Aspike hassen lassen, wie die nassen Asseln.

Asse sind schwer zu fassen.
Pik-Asse, verteilt in allen Gassen.

Ass-Pik genügt.
Aspik ab und zu vergnügt.

Asse in der Tasse,

bedeuten,
dass ich sie verpasse,
wie eine blasse,
des Regens halber ziemlich nasse,
Assel.

Final lässt sich sagen,
Aspik, Ass-Pik kann man ertragen.

Habe ich beide berührt,
lasse ich die verschiedenen Asse,
verführt zurück,
das Pik-Ass,
für wahr,
ist ein besonderes Stück.

(W)orte

Ein Wort,
zum Ort.
Hier, dort,
schon fort...

Essen in Essen,
kann man vergessen...
Behagen in Hagen,
kann man sicher wagen!

In Dortmund,
ist ein Mund.
Dort wirklich?
Sicherlich!

Bonn, c'est bon!

C'est vraiment!
Tolle Ortschaften,
viele Landschaften...

Berlin, Deutschlands Perle,
frohlockend, die Merle...
Köln, kölsche Frohnatur,
der Dom, große Statur!

München, das Herz der Bajuwaren,
die dort sicher alle schon waren...
Im hohen Norden, Hamburg und sein Hafen,
wird sicher nicht besucht von den Schafen...

Orte und Worte,
piano, forte,
alles wundervoll,
bezaubernd und toll!

Viel Lärm um Nichts

Während ich hier sitze und schreibe,
in meinen Gedanken hängen bleibe,
klopft es aus dem Nichts an der Scheibe...

Ich blicke auf
und sehne ein vertrautes Gesicht herauf.
Doch das einzige, was ich zu sehen vermag,
ist doch von einem ganz anderen Schlag...

Im Leben wird man oft überrascht,
wenn das Schicksal sich bedient
und unbekannte Teile von uns vernascht...

Ständig ist man umgeben von Lärm und Tristesse,
aber viel Lärm um Nichts,
dieser Slogan,
ist die wahre Finesse.

Locker sollte man den Ereignissen entgegenblicken,
wenn die Schicksale sie verschicken.
Einfach kurz abnicken,
und gar nicht erst versuchen zu verstehen, wie sie ticken...

Liebliches Essen

Liebe geht bekanntlich durch den Magen,
Essen auch, das kann man freilich sagen.
Ist der Magen dann erst vollgeschlagen,
sollte man sich folgendes fragen:

Verläuft die Liebe nicht mehr weiter,
stimmt vieles Essen mich dann wirklich heiter?
Was passiert, wenn ich es lasse,
verdünnisiert sich dann meine Masse?

Schlank sein
und die Liebe fein.
Dick, ist nicht wirklich schick...

Doch werde ich erneut betrogen,
hat mein Magen sich verbogen,
die ganze Liebe war gelogen,
mache ich um sie nun einen großen Bogen...

Verloren

Verloren, in meinen Gedanken,
während Synapsen wanken,
Fragen sich ranken,
Gelüste pranken,
erscheint mir alles fragwürdig,
erscheint mir alles würdig,
und fraglich,
warum sollte ich weiter denken,
in die wahre Richtung lenken,
zuweilen mir reale Gegebenheiten,
den Glauben entlaufen lassen,
an besonders Gescheiten...

Verloren, ohne Ende und Anfang,
verloren, ohne Hände und Anhang,
verloren, fühle ich mich,
betrogen, meiner Selbst,
was tue ich überhaupt hier,
bin weder Mensch noch Tier,
existent, absent,
verteilt in allen Räumen,
herausgerissen,
aus jeglichen Träumen...

Du smartes Phone

Vibration, statt Klingelton.
Du machst mich stumm.
Du machst mich sicher nicht dumm.
Bist ja smart, Whatsapp sehr, sehr hart.

Deine Tasten sind nur theoretisch vorhanden,
verbindest dich über alle breiten Banden.
Du gibst mir Bescheid,
Du bescherst mir Neid.

Ach, was würde ich bloß ohne dich tun,
etwa einfach mal ruh'n?
Ich denke nicht.
Ja wirklich, benutze ich dich,
denke ich nicht!

Kommt ein Auto angefahren,
erkennst du ganz sicher die Gefahren.
Wirst mich schon leiten
und sicher ins Krankenhaus begleiten.

Du bist so prachtvoll,
so toll, einfach wundervoll.
Gebe dich nicht aus der Hand,
ein nicht zu trennendes Band.

Du kannst einfach alles,
du smartes Phone.
Du fragst dich, was passiert, wenn ich einmal nicht mehr da bin?
Na, ist doch ganz klar!

Vererbe dich weiter,
nächste Generation,
Vibration, statt Klingelton.

Ei(s)kalt erwischt

Eiskalt und eiwarm,
verschwindet das erste Ei in unserem Darm.
Wäre gerne frei, das arme Ei!
Doch an dieser Stelle ist das einerlei.

Zwei Eier träumen vom Zweier,
abermals beginnt die alte Leier.
Auweia denken sie sich
und werden serviert mit einem dicken Fisch.

Der Dreier, für drei Eier, rückt in weite Ferne,
sind sie doch oval und keine Sterne.
Jedoch haben wir sie besonders gerne,
gut erhitzt mit perfekter Wärme.

Vier Eier rollen umher,
wollen nicht mehr...
Es ist verdammt schwer,
im alltäglichen Straßenverkehr.

Fünf Eier hüpfen aus dem Takt,
fühlen sich besonders nackt.
Wer von ihnen wird als erstes sterben,
und immer näher rücken dem Verderben?

Das halbe Dutzend,
sich besonders heraus putzend,

lässt und mit einem Stutzen zurück.
Ein wahrhaft starkes Stück.

Sieben Eier rollen in den Dom von Speyer.
Sind hier nicht ganz gern angesehen,
müssen wieder gehen
und traurig nach hinten sehen.

Acht Eier keimen auf vor Wut,
zerplatzt ihnen ihr Hut.
Sind nur noch halb so toll,
kriegen unseren Magen nicht mehr voll.

Neun Eier bilden Katastrophen,
schnell heraus aus dem heißen Ofen.
Spiegeleier, Rührei,
gefangen,
ausgebrochen,
auf eine besondere Art
frei!

Mit zehn, könnt ihr jetzt alle nach Hause gehen,
ihr werdet schon sehen!
Dreht sich mal wieder alles um Eier,
beginnt von vorn die alte Leier!

Pausenlos

Pausenloseskalierendermaßendlosehrabiatosenderneuternüchte
rndeutlichaotischerniedrigendeintönigrauenhaftobendekelhaftr
aurigestörtEnigmAngst

Vergleich eines Heißluftballons mit Donald Trump

Gemeinsamkeiten: Stoßen beide viel heiße Luft aus
Heben beide gerne ab
Stoßen beide in neue Dimensionen vor
(naja, der eine denkt zumindest, dass er es tun würde...)
Sind beide nicht wirklich bodenständig
Weisen beide einen kugelförmigen Bau vor

Differenzen: Der Heißluftballon kennt keine Grenzen, Donald hingegen schon, vor allem gegenüber Immigranten...
Der Heißluftballon wird aufgeblasen, Donald ist dies immer
Der eine wird gerne beobachtet, der andere, naja... lassen wir das mal an dieser Stelle
Der Heißluftballon strotzt fast jedem Wetter, Donalds Frisur sieht aus, als ob sie keinem schwachen Windstoß widerstehen könnte...
Der Heißluftballon birgt Weitsicht, Donald hingegen nicht

Geschlossen

Geschlossen,
nur für geschlossene Gesellschaft.
Tür, abgeschlossen.
Dies trifft ebenfalls auf mich zu.

Die Verschlossenheit der Gesellschaft,
führt zur Verschlossenheit der Augen.
Beschlossen wurde dies längst.

Entschlossen will man sein,
aufgeschlossen wirken,
doch ist die Türe erst einmal zu,
wird das nichts geben mit dem „aufgeschlossen".

Vertrauen

Kann ich dir vertrauen?
Oder wirst du mich
verhauen,
beklauen,
bebauen,
ohne Frauen,
nicht trauen,
zu vertrauen?

Wirst du mich erneut
verlassen,
für die blassen,
gaunerischen Kassen,
schlecht gefüllt,
alles Geld verprassen,
und nicht schassen,
dann werde ich dich
hassen,
die Erinnerungen verblassen.

Wirst du je an meiner Seite stehen?
Gemeinsame Wege gehen,
bestehen,
verstehen,
entstehen
Träume,

doch verschwinden
alsbald,
wenn du wieder fort gehst,
mich nicht verstehst,
kein Vertrauen,
auf das wir beide bauen.

Zusammenhalt

Welchen Weg gehen wir?
Links zu dir, rechts zu mir!
Doch das wollen wir nicht,
die ganz extreme Schicht.

Ein kleiner Rutsch nach rechts,
ein kleiner Rutsch nach links
und wir erliegen den Randgruppen,
die sich (noch) als bedrohliche Minderheit entpuppen.

Rücken enger in Europa zusammen,
aus Angst vor den „Ultrastrammen",
werden in die Mangel genommen,
sind von der schwarzen Front benommen.

Europa soll sich einen,
sollten wir meinen,
doch Gewalt als Hürde,
verletzt die Menschenwürde.

Politiker sehnen sich nach Ruhe,
nach der Erfolgsformel,
aus der europäischen Truhe.

Sie scheitern immer weiter,
links und rechts werden heiter
und wir weniger gescheiter.

Der Kampf setzt sich fort,
egal an welchem Ort.
Zusammenhalten bleibt die Option,
für jede einzelne Nation.

Leicht wird es definitiv nicht sein,
können wir wirklich Europa sein?,
wenn die Schatten der Dunkelheit,
unser eigener Trotz befreit...

Europäische Uneinigkeit

Die Europäische Union,
hätte gerne eine kontinentale Nation.
Doch der Brexit,
ein neuer Exit,
war nur der Beginn,
die Europäische Uneinigkeit
steckt mitten drin.

Merkel, Macron, Putin, Kurz,
können viel probieren,
gehen in andere Länder studieren,
doch das Studium hält nur kurz.

Mehr als Mühe geben sie nicht her,
und auch die Flüchtlinge werden immer mehr.

See, Land, Luft?
Es herrscht dicke Luft!
Wohin mit all den Lebewesen,
verwundet, nicht genesen?

Die einzige Einigkeit,
die herrscht,
ist die Uneinigkeit.
Damit sind alle zufrieden,
doch führt dies sicher nicht zu Frieden...

Europa

Emissionsbeschlüsse durch Klimakonferenzen werden nicht konsequent umgesetzt.

Union ist längst nicht mehr Union hier in Europa.

Reue wäre ein importantes Mittel, doch zeigen es die wenigsten.

Ohnmacht omnipräsent, wenn Bürgerkriege uns aus dem Schlaf reißen.

Patriotismus bis zum Maximalen ausgereizt in Staaten, die es besser sein ließen.

Angst, die uns verfolgt, so dass Einigkeit sich nicht entfalten kann.

Diverse Deutungen

Vollkommen losgelöst,
habe ich ein Los gelöst.
Es war wirklich gut
und brachte mir ein Gut!

Unter vielen Schätzen,
darf man es nicht unterschätzen!
Ich werde es bis zum Tode schützen,
mit den Besten der Schützen.

Wenn sie sich fertig machen,
werde ich sie auf keinen Fall fertig machen.
Sie sind besondere Wesen,
immer für mich da gewesen!

Ich will leere Kassen füllen,
so wie Zähne.
Deswegen,
probiere ich es auf allen Wegen!

Es kann wahrlich viel passieren.
Ich werde Hindernisse passieren.
Neue Unterlagen,
welche mir nicht unterlagen.

Diverse Fächer,
wirbel' ich auf,
gekonnt,
mit meinem Fächer.

Ich bringe enormes Wissen in die Umlaufbahn,
Verspätung in den Umlauf bringt die Bahn.
Oft ist er prägend der Kapitalismus,
doch ist Kapital wirklich Muss?

Kann ich das stoppen, macht mich das allmächtig.
Doch oben, bin ich wirklich im All mächtig?
Ich muss immer schnell schalten,
wie bei einem Auto.

Doch was ist schon perfekt bei all den Kriegen?
Katastrophale Kriegsherren sich gegenseitig bekriegen.
Im Perfekt hat es Krieg gegeben.
Im Jetzt gibt es Krieg.

Was soll man noch wahrnehmen?,
nun, zunächst, das eigene Wahrnehmen.
Nachrichten kann man nicht immer für wahr nehmen.
Ich komme wahrhaftig zum Schluss:

Was ist das beste Frustschutzmittel?
Vielleicht das Frostschutzmittel...

Sonnenstunde

Sonnenstrahlen prahlen.
Wärme effizient.
Hitze eminent.
Glut glüht.
Freude blüht.
Mücken tanzen.
Ohne Wanzen.
Fort mit dem Schulranzen.
Auf in die Sonne.
Pure Wonne.
Gesicht.
Mit Sicht.
Erleuchtung.
Gedanken.
Bedanken.
Stunde.
Kunde.
Viele sonnen.
In Sonnen.

Macht

Was hat die Macht bloß mit uns gemacht?
Welche Grausamkeiten haben Kriegsherren vermacht?
Was hat die Macht bloß bisher vollbracht?

Die geballte Faust diverser Mächte,
bekommen wir zu spüren.
Eiskalt ins Gesicht geschlagen,
sollten wir uns hinterfragen,

wie das alles passieren konnte...

Ob in der Politik, viel Kritik,
ob in armen Gebieten,
Freude verbieten,
wer übt die Macht aus
und besiegelt das soziale Aus?

Mächtig aufgetischt,
haben sich höhere Mächte,
unser Vertrauen heraus gefischt...

Ganz oben stehen,
Straftaten begehen,
Macht birgt Gefahr,
Macht führt zu Krisen
und verhindert
die Entfaltung neuer Brisen.

Vollmacht entwickelt sich zur vollen Macht,
stets unter Verdacht,
hat sie sich davongemacht...

Du, das Loch

In meinem Herzen,
tiefe Schmerzen.
Sie wollen hinaus,
aber kommen nicht heraus...

Wenn meine Erinnerungen
an dich verblassen,
Emotionen verpassen,
herrscht drückende Trauer

und macht mich keineswegs schlauer.

Du hast ein Loch gerissen,
vermissen,
kann ich nicht mehr,
will so sehr,
dass alles gut ist,
Ende der Leidensfrist.

Entzwei gezogen,
werde ich verzogen.
Verlogen,
gebogen,
beuge mich,
entferne dich.

Finaler Kurzschluss,
perfekter Verdruss,
Wut im Überschuss,
endgültiger Schluss.

Kindliche Einfachheit

Als Kind ist vieles einfach,
nicht alles dreht sich um ein Fach.
Doch ich meinem Fall,
hört man der Komplexitäts Hall...

Meine Großeltern zogen mich auf,
das Schicksal nahm seinen Lauf.
Es war nicht immer leicht,
wenn man hier und da erbleicht...

Was denn mit den Eltern sei?

Ratlosigkeit, nicht frei.

Wusste längst Bescheid,
wer ihr wirklich seid...

Aufgewachsen ohne Normalität,
aber für eine gute Erziehung,
ist es niemals zu spät.

Es ist gut, wie es ist.
Du bist, wer du bist.
Durch die kindliche Einfachheit,
wurde ich von meinen Lasten befreit...

Laufen

Wir laufen vorne weg.
Wir laufen vorne den Weg.
Unsere Nasen laufen,
laufend.

Laufende Ermittlungen,
interne Verstrickungen.
Sind sie erst gelaufen,
sind wir davongelaufen.

Verlaufen,
ohne Koordination.
Voll laufen,
lassen,
ohne Koordination.

Unsere Kosten
belaufen sich

ins Unermessliche.

Ein steiler Weg,
ins Unvergessliche.

Immer weiter,
mitlaufen.
Weiter abnehmen,
mit Laufen.

Doch ist der Läufer
erst am Ende,
springt hoffentlich
der Springer ein,
wirklich fein.

Der Weg nach oben,
kann gut verlaufen.
Der Weg nach unten,
doof verlaufen.

Glauben wir erst an den Lauf,
nehmen die Dinge wohl ihren Lauf...

Der Fall Neymar(s)

War es wirklich ein Tritt von hinten,
oder abermals eine deiner Finten?
Du rollst und rollst umher,
forderst gelbe Karten,
immer mehr!

Wirst umgetreten, umgefällt,
doch deine dann folgende Reaktion,

keinem gefällt!

Man könnte meinen, du hättest es nicht nötig,
all die Schauspielerei,
aber es scheint dir einerlei...

Neymar, du bist wahrlich ein Großer,
angetrieben von Gesten, bloßer,
welche dem Schiri gelten,
gefolgt von verbalen Schelten.

Mein Rat an dich, lieber Neymar,
bleibe einfach liegen,
dein Größenwahn,
wird dich besiegen!

Kollektiv

Die Menschheit verdummt.
Das Lachen verstummt.
Der Großteil vermummt.
Der Schädel brummt.

Die Massen mobilisieren.
Die Gewalten kontaktieren.
Das Unaufhaltsame navigieren.
Die Ungereimtheiten korrigieren.

Die Wahrheiten verdichten.
Das Einzelne vernichten.
Den Ungehorsam aufrichten.
Die Endzeiten lichten.

Kurz

Kurz, bin ich weg.
Kurz, bin ich weg aus dem Dreck.
Kurz, bin ich weg aus dem Dreck mit einem Scheck.
Kurz, bin ich weg aus dem Dreck mit einem Scheck beim Deck.

Alltägliche Alltäglichkeiten

Ich beginne mit mehreren Hüten,
vor diesen sollte man sich immer hüten!
Besitze ich nur einen einzelnen Hut,
bin ich vor diesem auf der Hut!

Ich würde so gerne abtauchen,
in eine Disco
und Marie angraben...
ich würde so gerne abtauchen,
Marianengraben...

Ich gehe weiter,
entdecke einen großen Raum.
Denke mir: Ganz schön schick, der Saal!
Ist das wirklich mein Schicksal?
Ich verstecke mich hinter meinem Schal,
die Stimmung ist geradezu schal...

Ich schreite voran,
will mehr,
begebe mich zum Meer.
Ich höre des Meeres Stimmen,
kann dies wirklich stimmen?

Ich sollte wohl zurückkehren
und meine Eindrücke zurück kehren...

Daheim angekommen,
mische ich mich unter die Gesellschaft,
die Geselligkeit schafft?
Die der Geselle schafft?

Ich bin in einem ziemlichen Kaff
und benötige einen Kaffee...
Gibt es sie wirklich,
die Kaffeefee?

Ich erblicke diverse Anzüge,
überlege mir,
scheitert ihr Tragen
manchmal an Zügen?...

Des Autos Reifen,
reifen sie,
bis sie vollkommen reifen?
Wenn Kunden sie mitnahmen,
versahen sie diese mit Namen?

Sobald sie über einen Hang rollen,
kann man es verstehen,
den Hang zu Rollen...

Manchmal, genügt ein Augenschein,
manchmal, gibt es Scheinaugen...
Was ist hier schon vollkommen?
Wenn Betrunkene voll kommen...

Ich muss den ein oder anderen abfertigen,
doch zunächst meine schlanke Figur fertigen.
Ich verzichte auf Speck.
Meine Hüften verzichten auf Speck.

Ich erwische mich dabei,
ich stapel' Chips.
Was finde ich bloß an Stapelchips?

Möchte immer weiter Chips essen.
Elektrisch geladen, Chips essen.
Das ist das alltägliche Finale!
Das sind die finalen Alltäglichkeiten!

Vergessen

In Vergessenheit geraten,
Erinnerungen verbraten,
gelöst durch Schmerz,
verkalkt im Herz.

Anerkennung finden,
Ehre mit verbinden,
doch niemand vermisst,
wie man selber ist...

Einst gelobt,
nun vergessen,
wild getobt,
ohne messen.

Gedanken verschwommen,
Synapsen benommen,
erasiert aus einem Leben,
Glücksgefühle hergegeben...

Nächtliche Lichter

Nächtliche Lichter durchstrahlen meinen Kopf.
Meine Augen werden träge, mein Körper erst recht...
Ein Schlagabtausch der Sinne, die Dunkelheit sorgt für
Klarheit.
Ich wandele und weiß nicht, wie es weiter gehen soll,
oder sollte ich sagen, wie ich weiter gehen sollte?
Der dröhnende Kopf spricht: „Folge den nächtlichen Lichtern!"
Ich erwidere: „Wohin des Weges?"
Monolog/Dialog, kann es nicht beantworten.
Aber, aber, die nächtlichen Lichter werden mich finden!

Mkm (Man könnte meinen)

Man könnte meinen, dass in die See stechen, ihr wohl weh tun würde.

Man könnte meinen, dass die Haare raufen, kein gutes Ende für die Kopfhaut haben würde...

Man könnte meinen, dass Liebe auf den ersten Blick, einen nicht immer den Blick für's Ganze gäbe.

Man könnte meinen, den Boden unter den Füßen zu verlieren, sehr häufig den Astronauten gewogen wäre...

Man könnte meinen, dass Donald Trump Erfinder der Föhn-Frisur wäre!

Man könnte meinen, dass Einrad fahren und ein Rad fahren, das Selbe wären.

Man könnte meinen, dass Putin ein englischer Begriff wäre!

Man könnte meinen, dass Perlen vor die Säue werfen, den Juwelieren überhaupt keinen Spaß bereiten würde.

Man könnte meinen, dass Laufen gehen ziemlich paradox wäre...

Mann könnte meinen, dass der Mann meinen ertragen könnte...

Man könnte meinen, dass Kohle verführerisch und brennend wie die Liebe wäre...

Man könnte meinen, dass Daten überschreiben nicht unbedingt mit Daten unterschreiben etwas zu tun hätte...

Man könnte meinen, dass Brillenschlangen in Schlangen zu Brillen gelangen...

Man könnte meinen, dass die Dichtung auch vor Klempnern nicht halt mache!

Das Ur-Laub

Einst fiel das Ur-Laub auf die Erde ein.
Es blieb dort liegen, still und richtig fein.
Doch das Ur-Laub wurde bewegt,
einfach wo anders hingelegt...

Die Dinosaurier wurden überlebt,
auch wenn es an ihren großen Zähnen klebt!
Eiszeiten kamen und gingen,
das Ur-Laub sie niemals fingen...

Als der Mensch begann,
sich zu entwickeln,
durchaus im Gesicht
mit ein paar Pickeln,
blieb das Ur-Laub ganz gelassen,
so gab es sie doch in Massen...

Eines Tages wollten die Menschen jedoch das Ur-Laub für sich nutzen,
auf diesem Wege entwickelte sich in seinem Gesicht ein Stutzen!
Mich benutzen!? Für eure Freizeit?
Dafür war es nicht wirklich bereit!

Die Menschen schubsten und warfen es umher,
das arme Ur-Laub konnte einfach nicht mehr!
Bevor wir das Ur-Laub in den Wahnsinn treiben,
auf dem Boden der Tatsachen stehen bleiben!

Weltmeisterschaft

Die Weltmeisterschaft,
die Weltmeister schafft...
Tore werden geschossen,
Menschenrechte werden erschossen.

Das kritische Auge der Zeit,
für die FIFA stets bereit.
Geldberge angehäuft,
Leid angehäuft.

Spiele sollen uns begeistern,
die Referees Abseits meistern...
Mit der allerneuesten Technik Sorgen glätten,
jegliche Zweifel plätten...

Es fallen noch immer schöne Tore,
doch haben sie einen faden Beigeschmack...
War es wirklich ein Tor,
oder kam es uns nur simpel vor?

In vergangenen Jahrzehnten,
gab es kleine Moneten,
heute wird mit Millionen hantiert,
jeder teure Kauf ausprobiert!

Was jedoch bleibt
sind die tollen Fans!
Farbenfroh, kunterbunt,
ist der Ball auch noch so rund,
halten sie zusammen,
was zusammen gehört!

Egal welche Religion,
Hautfarbe oder Nation,
feiern gemeinsam,
statt einsam!

Der Schreib-Fluss

Während ich hier sitze,
mit Wörtern bespritze,
lasse ich das Schreiben fließen,
kann ich es wirklich genießen!

Ein nicht enden wollender Fluss,
einfach der wahrhafte Genuss!
Buchstaben springen,
Laute erklingen,
die Melodie der Sätze vollkommen
entfaltet,
hat sie insbesondere mein Herz ganz verwaltet!

Ströme der Gedanken,
mich erneut betanken,
muss ihnen viel danken,
Wörter sie umranken...

Einmal

Einmal geboren.
Einmal gelogen.
Einmal erste Klasse.
Einmal 1.Klasse.
Einmal ein Mahl.
Einmal ein Mal.
Einmal entscheiden.
Einmal vermeiden.
Einmal im Jahr wirst du älter.
Einmal 18.
Einmal 10 Zehen.
Einmal gelebt.
Einmal vergessen,
einmal vermessen,
einmal besessen,
einmal entschwunden,
einmal heilt keine Wunden.
Einmal ist kein Mal...

Ich brauche Luft zum Atmen

Ich benötige einen klaren Kopf,
Sie tritt ganz schnell ein, es ertönt ein „Klopf!"
Sie will in mich eindringen,
Klarheit schaffen und bringen!

Die Luft ist so schön rein,
hier unten bei dem Rhein...
Atme kräftig ein und aus,
lasse immensen Frust raus...

Der Nebel in meinem Kopf verschwindet,
die Dunkelheit lichtet sich,
die dunkle Energie sich entwindet,
ich bin endlich wieder ich!

Sprechblase

Sprechblasen überall,
plötzlich ein lauter Knall...
Die Sprache läuft aus,
im eigenen Haus!

Wörter fliehen,
Sätze ziehen,
Punkte landen fort,
Ziel, anderer Ort.

Die Sprache ist ausgelaugt,
wozu diese wohl noch taugt?
Luftwurzeln schlagen,
nicht zu vertragen...

Kapitel 3 → Englische und Mix-Gedichte (Englisch/Deutsch)

Magical music

Vibes are approaching your ear,
keep calm, no fear.

Sounds will change your behavior,
sometimes they can be a life savior.

Music is magic.
Music is the best.
Not really tragic.
It completes the rest.

Body movement.
Language speaking.
Happiness sneaking.
Large improvement.

Senses' explosions,
great emotions,
perfect feeling,
music is truly healing.

Sailing away

Sailing away,
heading one way.
All I see,
is me,
being free.

The endless ocean's shine,
everything is perfectly fine.
I feel loose.
I can't lose.

Fresh air blasting through my hair,
the nature is so pure and fair.

Left everything behind,
therefore I can find
my destiny,
my goal.

Waves are waving,
there will be one last saying:
It is good the way I did it,
now,
there is no way to quit it.

Movin' on

Keep movin' on,
memories you won,
are gone,
keep looking forward...

Keep it in your mind,
at least try,
to be kind.
Keep away the hate,
expect more fate...

Movin' on means self-esteem,
means making your dream,
means founding a team,
means leaving behind,
all the unnecessary steam...

Keepin' up the good will,
not looking at every bill,
movin' onwards,
towards,
your destination,
furthermore,
your own imagination...

Wait

Wait!
It's never too late!
Don't leave yourself,
on the shelf...

It ain't over yet!
I give you the bet!
Come and join me,
you will see,
setting us free,
payed off,
with no fee...

Let's begin now,
wait and recognize,
truly nice,
you will explore,
happiness
and its very pretty
core!

Observation

Observation,
with no hesitation,
whole nation,
affected,
government reflected...

Cameras are moving,
up and down,
they're grooving.

Big Brother,
none other,
Big Sister,
observes every mister...

Total regulation,
total observation,
total nation,
total anti-nation...

Above

So do let me know, my love. What is up their above?
What is the sense to be here? Why are we around fear?
When will the crime end? Furthermore, where will we stand?
A circle that doesn't stop, aren't we all somehow a cop?
But we aren't able to do so, the estimated risk couldn't be too low...
Well, so this poem will finish all the way, hopefully, in the mind it will stay.

Daily Beer

One beer a day, keeps the doctor away.
Two beers a day, they go all the way.
Three beers a day, will surely make you sway.
Four beers a day, sometimes make you pray.
Five beers a day, I can't certainly say.
Six beers a day, might take you to the bay.
Seven beers a day, for some they are okay.
Eight beers a day, nearly mark the end I would say.
Nine beers a day, in the bed you will stay.
Ten beers a day, pretty hard they lay, so this could be your last pay...

Sometimes

Sometimes, I feel so lost.
Es ist wirklich schwere Kost.
Sometimes, I feel torn apart.
Es ist wirklich ein schwerer Part.

Sometimes, I just wanna be all by myself.
Sometimes, I imagine myself on the highest shelf.
Ich brauche festen Boden.
Ich brauche kräftigen Halt.

Sometimes, I want to break free.
Die Freiheit, Freiheiten, all die.
Sometimes, I need more room.
Manchmal, brauche ich Ruhm.

Sometimes, I believe in something better.
Ich erhoffe mir, es wird bald netter.
Sometimes, I behave normal.
Manchmal, bin ich wirklich formell.

Sometimes, I want love.
Wirklich, dafür ist immer Bedarf.
Sometimes,
ist es manchmal gut,
sometimes,
manchmal,
erlange ich den Mut.

Guess

I guess,
you can be my guest.
A friendly gesture.
We could play chess.
I promise, it won't be cheesy.
We will have fun,
like the brightest sun.
You won't waste your time,
come and be my dime.
In a quiet room,
we could drink rum.
Sippin', smiling,
souls shining...
Be my guest,
have a rest,
guess,
you are truly the best.

Kapitel 4 → Schlichte Gedichte (die Einfachheit der Gedichte ist gewünscht, da allesamt an einem „Schlechte Gedichte" Wettbewerb teilnahmen, leider ohne Erfolg...)

Abenteuer am See

Ich sehe eine Ente.
Ich zeige ihr meine Hände.
Sie fliegt davon.
She is really gone.

Dort drüben, die Schildkröte,
will wohl, dass ich sie töte...
Blickt mich starr an,
ich zurück blicke dann.

Ich renne zu ihr hin,
doch sie steckt wieder im See drin...

Der Moment des Schicksals,
der einsame Moment eines Schakals,
ich blicke trüb wie Apfelsaft weiter,
die Oberweite der Frau dort drüben,
stimmt mich heiter.

Ihren Busen,
schmusen,
ja, das will ich!
Sie aber nich'!

Bei all dem Theater gehe ich nach Hause,
schmeiße mich in die Wanne,
mit der grünen Ahoi-Brause...

Reimemonster

Das Reimemonster blickt von deinem Balkon,
es versteckt sich auch in deinem Karton.
Das Reimemonster ist überall.
Über dir, oder im All.

Es kann reimen,
schleimen,
mit seinen Keimen.

Bazillen,
bittere Pillen,
die dich killen.

Lege dich nicht mit ihm an,
es kommt dann,
du bist dran...

Das Reimemonster,
fies, mehr böse, schlecht,
das Reimemonster,
gut, guter, echt!

Mehr schlecht als recht

Ich gehe aus dem Haus.
Komme um.
Ich gehe aus dem Haus.
Komme um vor Langeweile.

Ich bin am Meer.
Ich tauche ab.
Ich bin im Club.
Ich tauche ab.

Ich bin am Fluss.
Ich will Meer.
Ich bin im Fluss.
Ich will mehr.

Ich bin im Schwimmbad.
Ich gehe unter.
Ich sehe eine Frau.
Ich gehe unter.

Ich bin herunter gekommen.
Ich bin eine Ruine.
Ich bin herunter gekommen.
Ich war auf einer Leiter.

Ich bin Kellner.
Ich gebe auf.
Ich bin im Restaurant.
Ich gebe auf.

Musikalischer Diskurs

Querflöten
und quer löten,
Posaunen
und posaunen,
Tuba
und Tube,
Klarinette,
doch Klara ist netter,
Saxophon,
klingelt ebenfalls,
Schlagzeug,
hat das Zeug zum Schlagen,
Trompeten
und Fanfaren,
Fagott,
göttlicher Klang,
Oboe,
erobert im Sturm,
der Dirigent,
swingt,
until the end!

Quatsch

Schuhe tragen Hüte,
ach du meine Güte!

Autos tanzen,
Kühlschränke tragen Ranzen.

Die Sonne ist ziemlich nah am Wasser gebaut,
das habe ich dem heißen Mond anvertraut.

Blumen spielen,
nachdem sie dem Spielplatz verfielen.

Brillen können fahren,
Spaziergänge bergen Gefahren...

Menschen schweigen,
wenn Politiker sich zu ihnen neigen.

Instrumente verstummen,
das war es!
Quatsch für die Dummen...!